理財不是高深的學問，也不是有錢人的專利，
理財不分錢多錢少，理財是一種習慣。

給聰明女人的
第一本理財書

莉莉安　著

懂得理財
一生自在

前言

也許一提到錢，妳就會皺眉頭；

也許再談起理財，妳說不定會咬牙切齒、抱怨連連……

「我每個月只是領那一份可憐的薪水！」

「每天都省吃儉用的，生怕會不夠生活呢！」

「台灣話講的『生吃都不夠了，還能曬乾……』真是的！」

儘管是牢騷滿腹「心事啥人知」，但妳有沒有想到，起碼妳還有一份安穩的工作、一份固定的收入；如果妳沒工作或還在待業中，那又該怎麼辦？人就是個比上不足，比下有餘的人生航行者。妳應該停止抱怨，正視自己的財務狀況，開始打理你那少得可憐的收入，因為「妳不理財，財不理妳」，除非妳不想變成一個有錢人，否則還是耐著性子，把本書看完吧！

沒有理財智慧的女人，永遠都無法成為真正的好命女。

不懂理財的女人，也許會賺錢，但卻守不住錢；好吧！也許會守住錢，但卻不知道如何讓錢增值；

也許懂得如何讓錢增值，但卻不懂得如何給自己的未來提供一份保障；

也許懂得給自己提供一份保障，但卻不懂得如何通過錢財讓自己持久美麗……

作為一個女人，有錢意味著什麼？

有錢可以讓女人做自己想做的事，可以讓生活更有品味、日子過得更為優雅！可以讓別人更尊重、更欣賞自己，從而讓自己實現自己的價值，但最重要的還是有錢能讓自己很踏實，從方方面面來表達自己的快樂！

女人有錢能讓自己更美麗；女人有錢才能夠真正獨立，而不再依靠男人；女人有錢可以遊歷自己夢裡都想去的任何地方；

女人有錢可以幫助很多人，提供那些人一份溫情、一份勇氣；女人有錢可以打造自己想要的一切……像飛鳥在空中遨翔。

如果妳現在還與金錢無緣的話，那該怎麼改變這種狀態呢？

本書就教妳如何做一個有錢的女人，如何去理財，如何讓自己活得更精彩。

第3章 開闢職場財路的第二來源

第4章 在經濟時代，女人要學會輕鬆生財

第5章 用專業讓自己賺得更多

第6章 當代傑出的女子形象

第7章 朋友談錢傷感情？

第8章 要爭做「卡主」，不做「卡奴」

第9章 家庭理財知多少？

第10章 職場女性，如何做個平衡的女人

附錄

第I章

巧用儲蓄，打造自己的「黃金存摺」

1．讀書趁年幼，致富要趁早

想想看，如果妳從22歲就開始存錢，就算只是把閒錢存下來，妳可以存下多少錢？其實，只要每個月將收入的部分自動轉存到固定的帳戶，多年的累積一定會為妳打造一個名副其實的「黃金存摺」。

有一個國家打勝仗後，大擺筵席慶功行賞。

國王對王子說：「孩子，我們勝利了，可惜你沒有立功。」

王子遺憾地說：「父王，你沒有讓我到前線去，叫我如何立功呢？」有一位大臣連忙安慰他說：「王子，你才18歲，以後立功的機會還多著呢！」王子對國王說：「請問父王，我還能再有一次18歲嗎？」國王很高興地說：「很好，孩子，就以這句話，你已經立了大功了。」

張愛玲有句名言說：「出名要趁早。」

事實上，一個人若想達成某個願望，就要提早動身往目的地前進，因為人生沒有假設，沒有可逆性，時間絕對不會等你的。

▲女人不存錢，將面臨的尷尬——

20歲時，妳會說：我現在沒辦法存錢。好不容易自立，況且我想買輛車，需要分期付款。等我想定下來時再說吧！

30歲時，妳會說：我現在沒辦法存錢。一家子的開銷和各種支出，已經讓我喘不過氣來了，房屋貸款、生活費、小孩的奶粉錢……算了！等我加薪或過幾年，手頭充裕點再說吧！

40歲時，妳會說：我現在沒辦法存錢。我家孩子今年上大學，哪來的餘錢？等孩子成家立後業再說吧！

50歲時，妳會說：我現在沒辦法存錢。一些財務規劃不像我當初預期的一般，孩子要結婚又是一大筆開銷，存錢？再說吧！

終於，60歲到了。這時候，妳才會真的後悔年輕時沒有存錢，因為好想存也沒機會了，已經是退休之齡了。妳想這樣過一輩子嗎？不想的話，就要趁早加入儲蓄的隊伍吧！

所以，不論何時，儲蓄都是我們向財富靠近的第一步。現在，我們一起來看看提早儲蓄的優勢。

在說明趁早開始理財的優勢之前，我們需了解一個財務管理中非常重要的原理，即貨幣時間價值原理。所謂貨幣時間價值是指貨幣（資金）經歷一定時間的投資，和再投資所增加的價值。

簡單來說，同樣的貨幣在不同的時間裡它們的價值是不一樣的。所謂價值我們可以認為是他們的購買力，即能買入東西的多少。現在的1塊錢和一年後的1塊錢，其經濟價值是不相等的，或者說其經濟效用不同。現在的1塊錢，比起一年後的1塊錢經濟價值要大，也就是說更值錢。

為什麼會這樣？

我們用一個簡單的例子來說明。如果妳將現在的1塊錢存入銀行，存款利率假設為10％，那麼一年後將可得到1.1元錢。這0.1元就是貨幣的時間價值，或者說前面

的貨幣（1元1年）的時間價值是10％。根據投資專案的不同，時間價值也會不同，如5％、20％、30％等。

好，假設一年後，我們繼續把所得的1.1元按同樣的利率存入銀行，則又過一年後，您將獲得1.21元。以此方式年復一年的存款，則當初的1元錢將會不斷地增加，年限夠長的話，到時可能是當初的幾倍。這就是複利的神奇能力，複利也就是俗稱的利滾利。

很多人認為，把錢放在銀行裡，真是會侵蝕自己努力的成果。但女性理財大都偏向保守，大多數人還是會把錢放在銀行裡。儲蓄的目的，不一定只是為了回報率，更多的是讓我們養成正確的理財習慣，讓我們邁出向財富靠近的第一步。

2．妳的儲蓄習慣是妳的財富

越早學會理財，就越早掌握獲取財富的技能。只有越早樹立投資理財的意識，與追求財富的觀念，才能在資源競爭越來越激烈的現代社會中，更易更快更早獲得成功。現代社會是經濟時代，或者叫財富時代，衡量一個人的主流價值標準就是財富。所以，女性朋友們，請馬上開始儲蓄吧！

怎樣才能養成儲蓄的習慣？

1．積攢零錢

很多人從小孩子開始，就有很多零錢，但是卻不會想到要儲蓄。結果，當發現沒錢可存時，才會提醒自己平時應該把錢存起來。為此，妳可以給自己買一個小儲蓄罐，一有零錢，就立刻放進去，持之以恆，儲蓄罐就會滿滿的（當然父母親有指導的義務）。

2．銀行儲蓄

不管妳採取哪種儲蓄模式，妳一定要鼓勵自己在幹其他事情之前，先將一部分錢付給自己——即把錢存到銀行裡。有人建議強迫儲蓄，就是一拿到薪水就先抽出25%存起來。長期下來，就可以收到很好的效果。當然，存多少必須量力而為，但

妳務必要在規定的日子裡把錢存到銀行，以形成儲蓄的習慣。

3．為儲蓄設定目標

如果妳要存錢做什麼事情，建議妳寫在紙上，並寫明希望實現的日期。然後把它放到容易看到的地方，使自己能時時看到目標，以起到提醒的激勵作用。

4．不時回顧那些數字

不時地看到自己的銀行儲蓄在一點點地增加，會體會到數字逐漸變多的喜悅。時間久了，妳便會感受到金錢得來不易。這些錢都是自己辛苦掙來的，一定要珍惜，不能隨意地亂花。

3．聰明理財，做好個人的收支管理

據統計，一般一個家庭平均擁有5個以上的帳戶。有些人薪資轉賬、基金、證券、貸款、定存，都放在不同的銀行帳戶裡，擁有5本以上的存摺一點也不奇怪，但是管理起來也比較麻煩。

很多家庭都擁有5家以上銀行的帳戶，如果不加管理，無疑會讓自己賺來的錢四處「流浪」，或是讓通貨膨脹侵蝕其原有的價值。建議整合妳的帳戶，做好個人的收支管理，才能夠將存摺的資金流動紀錄，轉變為財務管理及理財分析的資訊。

此外，可以多加利用網路銀行，也能方便快捷地查閱管理自己的收支情況，至少每個月都要查詢，才能清楚自己的錢都流去了哪裡。了解自己在投資、儲蓄與消費上的比例，有助於平衡生活同時做出明智的投資決定。

女性朋友應該儘早開始投資和儲蓄，起步越早，成功的機會就越大。女人要懂得理財，人生就是要由自己來掌控，學會理財才是追求獨立自主的基礎。女人有錢，不光是為了追求享樂，而是要找回自己。懂得理財，就可以不必當錢的奴隸，就可以決定自己的生活品質。當然，絕對不能為了金錢而不擇手段，只有這樣，妳的人生才會幸福！

4．聰明女性，養成記賬的好習慣

帳單最大的作用，除了警示消費者——「妳最近花錢有點太多了」之外，還能詳細列出，妳究竟是哪一項開支需要節約。

小麗是外貿單位做事的女孩，在接到花旗銀行寄來的信用卡帳單紀錄之後，小麗不禁皺了皺眉頭，根據這張表的顯示，除了每月固定的房貸支出外，最大的花費居然是通訊費用。除了經常與國外客戶聯絡，拿起手機就打電話的習慣，也導致通訊費居高不下。

在看了這張分析表後，小麗立刻開始控制該項支出，能用固定電話的時候儘量不用手機，手機只用來接聽，同時運用Skype（即網路電話）和國外客戶聯絡，結果每個月起碼剩下了二千～三千元。

聰明的女性會時刻關注自己的收支情況，身邊總是會備有一個小賬本，把每天的消費支出都記錄下來，然後每個月都進行比較總結，找出哪些錢應該花，哪些錢不應該花。然後在下個月消費時就會注意，從而節省開支。蒐集發票也是一種簡單的記賬方法，計算一下這個月總共的發票金額，消費紀錄基本上也就歷歷在目了。

⊙改變妳的消費習慣的絕招

在大減價時購買東西，原本是可以用較少的金錢買到想要的東西。但如果事先沒有預算的觀念，很可能會因為打折期的閒逛而產生更多預算外的花費。購物本來是一件讓人心曠神怡的事情，聰明的女性朋友，可以運用聰明的省錢購物絕招，讓自己在買東西時精省「小錢」，然後將小錢存成大錢，這樣才不會到最後望著滿屋子買回來的戰利品及帳單，搖頭感歎：自己真是個敗家女！

同樣，查清每一筆錢的來龍去脈也一樣重要，這樣才不會造成財產的憑空蒸發——這絕不是危言聳聽。很多女性朋友可能會有這樣的體驗：月末粗略估算自己這個月的開銷時，怎麼也兜不攏帳目，明明記得只花了一萬三，怎麼支出總額卻是

一萬六千五？還有那三千五是跑到哪裡去了？

追查每一筆錢的來龍去脈，最好的方法就是做好存摺管理，因為現在大部分人都把錢存在銀行，存摺上會記載妳在銀行所有資金進出的紀錄。聰明的女性每個星期至少刷一次存摺，或是在網路銀行上查看金錢進出的歷史紀錄，只要五分鐘（再加以注記），妳就能了解每一筆錢的來往狀況，進而提醒自己要開源節流。

5・利用銀行，服務自己

女性朋友們要學會利用銀行來存錢，儲蓄宜早不宜遲，越早儲蓄，妳也就會越早積累到財富，越早擁有積蓄展開投資的經費。

一般來講，儲蓄的金額應為收入減去支出後的預留金額。在每個月發薪的時候，就應先計算好下個月的固定開支，以及預留一部分「可能的支出」外，剩下的錢都以零存整付的方式存入銀行。零存整付即每個月在銀行存一個固定的金額，一年或兩年後，銀行會將本金及利息一起結算（零存整付），這類儲蓄的利息率要比一般儲蓄高得多。

也許有人會認為，銀行利率的高低關係不大，其實不然。在財富積累的過程中，儲蓄的利率高低也很重要。當我們放假時，銀行也一樣在算利息，所以不要小看這些利息，雖然這是個低利率的時代，但一年下來也會令妳有一筆小收入。

銀行都提供什麼服務呢？

和我們密切相關的是，銀行為我們提供薪水轉賬的服務。

其次，銀行還有不同種類的存款，如零存整付、活期儲蓄、定期存款、支票帳戶、理財投資服務等。除了活期存款可以隨時存取現金外，定期存款還有3個月、6個月、1年、2年、3年等不同的期限和利率，每個人都可依自己不同的需求來進行選擇。

除了存款，銀行還提供貸款的服務。一般有消費性貸款，如汽車消費貸款、購房貸款，以及近年來的出國旅遊也可以貸款等等。

此外，在銀行可辦理代繳轉賬。即家裡的水電費、電話費、各種稅金、信用卡消費的代繳等。

匯款也是銀行服務的一種，小額可用ＡＴＭ轉帳，大額匯款，不論國內外，都可以直接將錢透過銀行匯給對方。在此項服務中，銀行只收取部分手續費。

如果妳要買外國的貨幣，或需帶匯票、旅行支票出國，也可以通過銀行辦理，回國之後如果用不完，仍然可以賣給銀行。

說起銀行，就不能不提到支票。

很多人以為支票只是生意人的工具，但在西方國家，很多人上超級市場買東西，或吃飯等日常生活花費也都用支票，很少會用到現金。而國人除了有生意往來的對象之外，一般是不接受個人支票的，還好國內信用卡很普及，到那裡都可以暢通無阻。

如果用現金付款而沒有拿收據或發票的習慣，就常會忘記款項的用途，以支票支付能避免這種不足。支票上有號碼，可以寫收受人的姓名及款項的用途，由於支票要經過銀行，因此每一筆現金往來都會有記錄，可方便查詢及對賬。一般來說，支票應是見票即付的，但大部分的人會以支票作為延遲支付的工具，開一個月的票，可以生一個月的利息。有些人還會使用遠期支票向銀行辦理融資，稱為客票融資。也就是需要現金時，將收到的遠期票送至銀行，經銀行分析核准後先行墊七～八成金額，等支票兌現，扣除融資的利息，再將剩餘的金額付給融資者。

儘量以支票付款，這樣做不但能夠使資金安全、方便的進行交換，而且能夠幫助妳養成記賬的習慣，做到有賬可查。

另外，信用卡也是銀行的主要業務，平時大家用得也比較多。

許多持卡人在拿到銀行寄來的對帳單時會發現，一般對帳單上都有「全額」和「最低額」兩種還款方式，供持卡人選擇，其中最低額一般只需支付使用金額的10%左右。持卡人千萬別想當然地按照自己認為的最低還款額還款，由於加了利息，還款金額也在增加，因此持卡人一定要按照銀行對帳單上的總額來還款，萬一手頭上不方便，也要繳比最低額多一些，否則銀行對老是繳最低額的客戶都會做「內部注記」，這會影響妳以後的「信用」，譬如說妳要向該銀行貸款時，或要求提高額度等等。

6·儲蓄是投資的蓄水池

儲蓄雖是所有理財途徑中風險最小的，但也是收益最小的，在高通貨膨脹的時代，儲蓄的利率如果低於通貨膨脹率，銀行裡的錢就等於越存越少。明白了這個道理的人們，都不甘心把自己辛苦賺來的錢放到銀行，而是想盡辦法投資理財產品。因此，在個人理財產品大行其道的今天，理財似乎也成為了儲蓄的代名詞。有許多人忽視了合理儲蓄在理財中的重要性。不少人錯誤地認為只要理好財，儲蓄與否並不重要。

安莉就是個只重投資不重儲蓄的女孩，她幾年前剛從大學畢業，現為某公司的業務，每月基本薪資是一萬八加業績抽成加公司獎勵。安莉是個典型的新新人類，人漂亮又會打扮，最主要的是頭腦靈活會賺錢。

安莉還在大四實習期就被這家公司選中，雖說基本薪資不多，可是安莉做業務的手段不錯，每個月總能為公司拉到不少生意，光抽成就有二萬多。由於業績OK，公司還會額外發給她一些獎金。這樣下來，每個月安莉的收入都在五萬元以上。

但安莉認為，存錢是件費力不討好的事，於是她幾乎把錢都投入了基金和股市。前些年看到房價不停地漲，她想拋掉股票投資房產，可是卻被深深套牢怎麼也動不了，還沒有買房的安莉，只好眼巴巴地看著房價一路飆升，自己乾著急……

事實上，合理儲蓄是個人投資理財的基礎，每月的儲蓄是投資第一桶金的源泉，只有持之以恆，才能確保投資理財規劃的順利實行。所以說只有做到合理的儲蓄，才算邁開了投資萬里長征的第一步。

7．定期存款還是活期存款？

銀行存款是最傳統的存錢管道之一，可分為活期存款和定期存款兩類。前者幾乎沒有利息，但隨時可以存領，而且金額不拘。後者有點利息（因為這是一個低利率的時代），但有存款期限，未到期前提款，會有利息的損失。

儲蓄的目的是為了累積財力，所以最好不要經常動用已存下來的錢，基於這種考慮，以定期存款做為儲蓄較佳，活期存款則只用來存放家庭的急用款，保持大約三至六個月的生活費用就夠了。定期存款又分為定期存款和定期定額儲蓄存款，前者需要整筆的資金，後者則可以採用「零存整付」的方式。

只有在一定期限內不用的錢，才適合存定期，而且期限越長利率越高。這裡很關鍵的一點是把期限確定好，比如：存一筆定期一年的錢，結果半年剛過便有急用，不得不提前支取，這半年銀行只按活期存款的利息計算，就不如當初存半年定期，那樣利息會比活期的高得多。

鑒於期限越長，利率越高，所以定期儲蓄是長線投資的一個重要手段，即使銀行利率調低，但已存的錢利率也不變，而若調高，則從調高之日起，按高利率計算，這是銀行的慣例，也是保證儲戶利益不受損失的措施。

家庭主婦林太太，有一筆私房錢五十萬塊，這筆錢在幾年內都用不上。但是存活期利率，一年下來稅前利息只有一點點，她覺著這樣太不划算。因此她在保證這筆資金在幾年內都不會動用的情況下，選擇「定期存款」這種定存方式，因為這種方式是所有定存裡面利息最高的。

而上班族的小玲，月薪三萬，剛工作，沒有太多的積蓄，並且不能保證這些積蓄是否不動用，在這種情況下選擇活期的方式就比較合適。

其實，活期和定期存款沒有什麼好與不好，關鍵是根據自己的情況，選擇適合自己的存款方式。

活期存款用於日常開支，靈活方便，適應性強。一般可將月固定收入（例如薪

資）存入活期存摺作為日常待用款項，供日常支取開支（水電、電話等費用，從活期帳戶中代扣代繳支付最為方便）。

由於活期存款利率低，一旦活期帳戶結餘了較為大筆的存款，應及時支取轉為定期存款。另外，對於平常有大額款項進出的活存帳戶，為了讓利息生利息，最好於每兩、三個月結清一次活期帳戶，然後再以「結清後的本息」重新開一本活存。

定期存款和活期存款有所不同，存期分為三個月、半年、一年、兩年、三年和五年等。本金一次存入，銀行發給存單，憑存單支取本息。在開戶或到期之前，可向銀行申請辦理自動轉存或約定轉存業務。存單未到期提前支取的，只能按活期存款計息。

定期存款適用於生活節餘的較長時間不需動用的款項。在高利率時代，存期要就「中」，即將五年期的存款分解為一年期和兩年期，然後滾動輪番存儲，如此可利生利而收益效果最好。

在低利率時期，存期要就「長」，能存五年的就不要分段存取，因為低利率情況下的儲蓄收益特徵是──「存期越長、利率越高、收益越好」。

當然對於那些較長時間不用，但不能確定具體存期的款項最好用「拆零」法，如將一筆50萬元的存款分為5萬元、10萬元、15萬元和20萬元四筆，以便視具體情況支取相應部分的存款，避免利息的損失。若遇利率調整時，剛好有一筆存款要存定期，此時若預見利率調高則存短期，若預見利率調低則要存長期。

女性朋友在選擇活期還是短期時，不能僅僅考慮哪個獲得的報酬更多，要更多地結合自身的經濟條件，選擇適合自己的方式。

第2章

投資房地產，從屬於自己的第一個房子開始

1．女人也可以購買自己的房子

房子對於女人究竟意味著什麼？意味著擁有了自己獨立的生活空間，能無拘無束地按自己的方式生活。有了自己的房子，不只是物質的佔有，還是精神的獨立。因此，打造一個屬於自己的私密天堂，妳的人生會更精彩！

房價一直高居不下，這幾年來政府雖然有打房政策，但政府仍然敵不過建商，因此房價並沒有真的受到打擊，反而越攀越不可及……

大陸還流行男人們說房價的高漲是因為丈母娘，還有因為那些非有房男不嫁的女人們，男人們還說，他們不能理解女人把房子當作必需品的原因。

房子承載著女人的夢想，一個安全的所在，可以釋放淚水和寂寞，也可以結束一段漂泊。有人說房子的主角注定是女人，因為沒人比女人更懂房子、更愛房子。女人愛房子，有時候這種愛甚至比她愛一個男人還要來得強烈。於是，女人想方設法地要擁有一套房子，包括自己私下購買。

很多女人心中始終有一種浪漫，或者誇張的幻想情結，而家是這種情結的立足點。因此，和男人比起來，女人更在乎房子。

有一則房地產廣告是這樣寫的——「愛情易碎，買房萬歲。」愛情碎了，房子雖然還在，但少不了妳爭我搶，這樣一來，徒增了無數煩惱。於是，越來越多的像網路小說《狂奔的左左》女主角韓左左一樣的女人，她們不把自己對房子的情結寄託在男人身上，她們需要堅實的臂膀是沒錯，但沒有堅實的臂膀，至少還能希冀堅實的房子。

於是，她們選擇了獨自買房。

事實上，財務獨立、有能力購房的女性越來越多，就看妳如何運用自己的錢。現在很多的房地產廣告都不約而同地把女性作為主要的對象，這也顯示了女性朋友大多有打造自己私密空間的期望。很多女性都希望能投資房地產或是購買房地產自住，開始真正獨立又自主的生活。

2．女人購房的幾大理由

一、房子是女人安全感的來源——女人是留守的動物，而男人是出門奔走的動物，沒有比女人更需要房子的人群，房子帶來的不僅僅是四面都是牆的盒子，更多的時候，女人還可以在裡面找到安全感，這種感覺源自房子永遠不會長腳自己跑掉，比男人還要可靠。

二、房子是女人的深度補償——不知道為什麼，女人總覺得自己是吃虧的，嫁與不嫁都吃虧，嫁給誰都吃虧。於是嫁之前總是要衡量再衡量，想來想去物化了一個東西來彌補，那就是所有外物中比較值錢的房子。

三、房子是女人的專有陣地——在這裡女人擁有的不僅僅是一個獨立的空間，還是一座堡壘，是別的女人的禁地，這裡只有一個女主人，不必與他人分享。沒有女人喜歡不停地搬家，不停地飄來飄去。

四、房子是女人的經濟儲備——這年頭啥都有可能貶值，唯獨合適的房子不但

不會貶，反而會不斷地增值。住的時候不用擔心貶不貶值，不住的時候，反而能賣到一個很好的價錢，因為它是每個人一生中所追求的標地物，永不過時！

五、房子是女人的大型玩具——其實女人是消費動物，一輩子都在很多無謂的有謂的消費中度過，房子也只不過是個大玩具。女人可以把它當成孩子一樣來打扮、裝修，裝成自己喜歡的風格。這和喜歡化什麼樣的妝、穿什麼樣的衣服一個道理。女人通常也會把男人拉來客串一把，當作自己的模特。

3．巧用房貸，「房奴」變「房主」

現在，越來越多的人加入貸款購房者的行列。因房子而為銀行打工，已是無法改變的事實。那麼，如何巧妙地利用銀行房貸的方式為自己解憂，規避風險，由「房奴」變為「房主」呢？

巧妙地利用銀行房貸的方式，不光有利於儘快還款和方便投資，精明的投資人還能從一個合適的貸款中賺出錢來。根據貸款品種的功能，選擇適合的投資方式和目的，關係到妳的投資是否能獲取更高的利潤。

為了利用房貸，使「房奴」變房主，妳就需要選擇功能靈活的貸款產品。貸款產品的功能是至關重要的，有的產品對提前還款和循環使用貸款有若干的限制，這會滯後還款期。有時這類產品以較低的初始利率來吸引客戶，一些客戶只看到其表面利率，不了解其穩定性、功能及限制條件。選擇功能靈活的貸款產品，使各種收入直接進入貸款帳戶，在第一時間沖掉本金、抵消利息，能大大縮短還款期。妳可以採取以下措施——

1．選擇適合的還款期限

一般而言，貸款購房，還款年限選擇15～20年較為適中。若貸款年限過短，還款壓力相應較大，一旦工作發生變更，可能導致無力還貸。但如果預期自己未來收入會大幅增長，則不妨選擇較短的還款期限，這樣可少付利息。不過，也有人年限雖是20年，但卻在第10年就提早還了款，只要與銀行訂約時說明清楚即ＯＫ。

2．選擇變種房貸

變種房貸有兩種方式：

⑴**寬限期**　貸款發放後，在合同約定的時期內，只需每月支付利息，暫不歸還貸款本金。一般寬限期限都有兩年時間，待寬限期結束後，按合同約定的等額本金，或等額本息方式還本付息。

⑵**存貸通**　建立一個存貸通用帳戶，超出一個數字以上的存款，銀行按比例視為提前還款，以減少妳的利息支出，這是很有彈性，又方便、又靈活的帳戶。一旦急需，可提取房貸理財帳戶中的所有款項。

3．首購族

二十六歲的甜甜，活潑漂亮，老家在南部，她是一個瀟灑的自由職業者，和別人合租在一個兩房一廳的公寓。她平時專為市區幾家大的藥品公司跑業務，收入不穩定，高時一個月七、八萬，低時只有一萬多。因平常花錢也不經過大腦，她是個樂觀主義者，常常不到月底就已身無分文，是個典型的「月光族」。現在，甜甜卻想要買房了，可手中能用的資金沒多少，她後悔沒在有錢的時候，給自己打點底。

對於「月光族」來說，要想成為房主而非「房奴」，以房租的1.5倍左右來分期付款，是首購族最理想的購屋方式。

還款人可以申請從貸款第一個月開始，與銀行約定一個時間段，僅償還貸款利息，無須償還貸款本金，約定期滿後，再開始採用等額本息或等額本金的還款方式，歸還貸款的本金和利息。

不過，需要提醒的是，這種「只還息，不還本」的最長時間不能超過二年。期滿後，購房者需按照事先與銀行約定的等額還款方式或等額本金方式還款。

4．女性買房需要注意什麼？

1．學會鑑賞樣品屋

如果說很多男性買房太注重實用性的話，那麼很多女性則常常是喜歡第一，實用第二，樣品屋對她們的買房起著決定性的作用。而這也正中了房產商下懷，因為建造樣品屋的最大目的就是讓購房者產生「購屋衝動」。樣品屋總是能把玻璃和鏡子用到極致，那種通透感可能正是妳要追求的，因為感覺光照好啊。可是妳有沒有想過如果這裡原本沒有玻璃，又是什麼效果呢？

這點房產商自己最清楚，原來實際的房子其實沒有妳現在看到的那麼大，光線也沒有現在那麼好。怎麼辦呢？設計師說了，用玻璃啊，再加上鏡子，這樣看房者的眼睛就花了。也許妳會說，用玻璃和鏡子裝飾一下也沒什麼不好呀？是沒什麼不好，起碼好看。但是現實是在玻璃和鏡子前妳還能放什麼東西呢？樣品屋裡的幾樣家具，其實完全不能滿足妳生活的實際需要，玻璃和鏡子幫妳放大了眼睛裡的空間，同時減少的是妳的實際空間。

2．看清比例模型

樓盤模型和實際樓盤是不可能完全一樣的。比如，樓盤上注明它和實際樓盤的比例可能是1：80，但在做樓盤之間的棟距時，比例可能是1：100。這樣我們感覺到樓與樓之間的距離是可以接受的。另外要關注模型總平面圖，因為它可以讓妳準確地了解樓盤的位置、相鄰關係、住宅開發和交通配套等大致情況。還有模型中的道路分市政道路和社區道路，市政道路可能就有噪音問題。所以如果妳看不懂就應該主動問清各道路今後的使用情況，以免造成生活上的不便。

有時模型中還有一些小建築，妳千萬不要忽略這些小擺設，因為它們往往是社區的配套設施，變電所、超市等等。這些小東西雖然不會影響基本生活，但可能會讓恰好住在低樓層附近的妳，感覺相當不舒服。

3．區分房子的實用性和投資性

買房之前要想清楚，是投資還是自住。投資最重要是必須考慮地段及未來的升值潛力；如果是自住，且時間較長，那麼戶型、位置、性價比，以及經濟能力就要優先考慮了。顧不上那麼多的時候，我們就要挑最心動的一點，好比我們最終選擇的愛人。

4．找知名的仲介業

如果妳要找中古屋，那麼去找在國內具有一定知名度的業者，他們會先為你的房子做好把關工作，例如是不是海砂屋、輻射屋，有沒有欠稅，總共設定幾胎，甚至是不是凶宅都會清清楚楚地告知，仲介費還是可以殺價的，只要你有購買的意願，籌碼就會在你的手上。

5．只要抓住低點，任何時候都是買房時機

什麼時候買房子，很多人往往都會舉棋不定的問題。我們總是希望房價能夠再降一點，再降一點，而等我們買了之後，就又希望房價能夠漲一點，再漲一點……哪有這種好事呢？妳買房的時候，正好是房價的最低點；而等妳買了房之後，房價就只漲不跌。有這種好運，還不如買樂透呢！所以，精明的女人們需要明白，買房子只要抓住了低點，就是抓住了時機，就不要猶豫了！趕緊出手就成了。

我們不難發現，刻意地尋求買房的最低點，其實是一種不理智的做法。房價的明天是什麼樣，我們誰都不知道？妳現在在這個地段買這個價位，賣出去時也一定有這種行情，所以別想太複雜了。聰明的女人會見機行事馬上動手，而不會坐等良機失去了，才後悔不已。

女人切忌將自己猶猶豫豫的性格，移到買房子這件事上。該買當買，游移不定的態度，只會給自己帶來明天的後悔。

6．第一個房子並非最後一個房子

很多人在買房子時，都有一個錯誤的觀念，似乎買了這間房子之後就得住上一輩子，所以，在買房時總是選了又選、挑了又挑，好像一輩子非得跟它不可！

其實，如今很多有投資頭腦的女人都十分清楚，自己所購買的第一個房子並非一定就是自己以後要住很久的房子。對於想要儘早有自己的小家庭的年輕人來說，先購買一間較小的房子，日後隨著經濟能力的慢慢提升，再實現房屋升級計畫，完全是可以的。沒必要把自己的未來限制得那麼死板。

一個從國外歸來的女子，就十分懂得及時享受的道理，所以，她很早就通過自己的努力買下了一套小小的房子，先享受了幾年，又換了個大的房子，讓自己總是處於舒服的狀態。

「剛和老公結婚的時候，老公工作幾年賺到的錢，幾乎都因為結婚而花光了，而我倒是存了一點錢。那時年輕，覺得生活會越來越好。於是，咬緊牙關，我們買了一個二十坪的房子，房子雖小，兩室一廳也已夠用，就我們兩人，還算是幸福！因為我們總算有了自己的家。而且我也知道，我們的家不會就此固定在這裡，我們的家未來肯定還會『升級』。

「後來，我和老公的收入都越來越高，存款也越來越多，而我們住著的小房子也隨著房價的升高不斷增值。在我和老公買了第一個房子的六年後，我們決定生個小寶寶，這樣，房子就應該換個大一點的了。盤算了一下，如果將現住的房子出租，那正好可以將租金用來付新買的房子每個月的貸款，而我和老公的存款也足夠付三十坪的房子的頭期款了。於是，我們便抓緊時間找房子，經過半年的籌劃，我們買到了自己中意的好房子，而原來的小房子也正在發揮它的價值！」

看看這個幸福的小家庭！實在的說，這個女人真是一個聰明、會打算的女主人。因為她的規劃，讓自己和家人能夠儘早享受，同時還能升級享受，一步都沒有

錯過好的享受機會。小房子也保住了，大房子後來也買了！

其實，做到這樣並不難。只要妳計劃好，估算好，即使是剛畢業的小女生也能夠做到。

「七年前我剛從大學畢業就結婚了，我一直在租房子。那個時間台北的房價一直在往上漲，所以很多房東有賺頭就會把房子賣了，租房子都不能長久，搬家真是個很煩的事，於是，我和老公跟彼此的父母一共借了二百萬做為頭期款，打算買七、八百萬的中古屋。我們的預算在我們選定的區域只能買25坪左右的房子，由於一直在同一個地區租房子，所以買房就在那個地區開始。最終我們選定了一個八百多萬的中古屋，從此開始當起了房奴的生活。

「到了兩年前，我們的收入增加了一些，於是，我們動了換房的心思，此次目標還是中古屋。此時我和老公的存款差不多只有一百萬，沒辦法，所以只能先賣房再買房。當然，五年多的時間過去了，我們原來的房子已經漲了將近一倍。春節一結束，我和老公在家附近的仲介中選了三家，把房子掛了出去。

經過三週人來人往的看房，房子終於賣出去了。然後，我們搬回丈夫父母家住在一塊，再慢慢地挑選自己喜歡的第二間房子……」

這對年輕的夫妻，也是懂得享受和投資的人。儘管他們存不了多少錢，但是他們懂得利用自己的房屋升值來讓自己的住家升級。當然，這上面的兩個例子應該說是大多數人都能夠做到的。

這其中的訣竅就是存錢、出租房子、再買房，還有的是賣舊房、加碼再買新房，步步升級！其實，這並不難！我們只要多留心房產市場，多注意交易資訊，也都可以實現這個夢想。我們的家就可以從第一間的小麻雀房慢慢變成大房子。

我們的第一間房子，並不一定是我們的最後一間房子！對買房有抵觸情緒、為難情緒的女性朋友們，不妨先將自己的目標放低一點，在自己能力範圍內先買一間小一點的房子，再隨著經濟收入的逐漸增加，慢慢換成大房子。妳就會住得越來越舒服，妳的房產值也會慢慢增加。

6・討價還價，與屋主進行口舌之爭

在買中古屋房子時，很多人都有個固有概念，房價是預先定好的，肯定砍不下來了。其實，拿出妳的狠勁兒，拿出女人買衣服時的砍價能力，使勁砍砍就知道能不能砍下價來了。買房子砍價也是一門很大的學問，砍好了，用自己的嘴皮子就可以省下好幾萬；砍不好，要麼被賣家吃定了，要麼失去了購買到自己中意的房子的好時機了。

砍價能手是如何砍價的？我們還是看實例會更有啟發一點。

下面的這個例子中，砍價的是一對年輕的小夫妻，他們要買的是一個中古屋，房主出價六百萬。

本來我們看中的房子報價是六百萬。屋主為了表示誠意主動先降了二十萬，成了五百八十萬。當時，我老公保持沉默，什麼話都不說，我著急得恨不得瞪死他（因為我太中意這房子了），但是後來才知道這樣的配合是最好的，因為我們最後花的是五百三十萬。

1・套交情

這個我擅長，我就叔叔長叔叔短的叫，也說了不少恭維的話。比如他兒子在讀大學，我先是誇他兒子，再誇他，把他家裡人都誇了一遍。

2・哭窮、博取同情

在他對我們感覺不錯的時候，我開始哭窮了，我們才出社會工作不久，經濟壓力比較大，是從南部上來打拼的莊腳囡仔……

3・找價錢低的參照物

周圍的房子價錢每坪約三十萬，這個房子三十三坪，一千萬應有找。不過，屋主開價一千零五十萬，我二話不說砍到八百五十萬。

屋主愣了一下，不同意，願意齊頭一千萬。

這時，老公開口了，說我們現在手頭上只有這麼些錢了，八百五十的話，他還要考慮十幾萬契稅的問題。屋主聽後，考慮了一會，說那契稅我就幫你付

一半，最少要九百五十萬。老公他還是沒這麼多預算。屋主一聽也沉默了，他不願再降了，雙方僵住了。於是，我找了個藉口說，那麼就來個大吉大利好了——八百八十萬吧。

半個鐘頭之後，我們雙方就在土地代書的事務所了。

上面的例子中，我們都看到了買房就是要有耐性，下面就介紹大家一些比較實用的絕招：

首先，以五樓公寓來說，我們應該如何挑出其最顯而易見的毛病呢？

1樓：通常情況下，此樓層都比較潮濕，牆皮容易脫落；髒是在所難免的，樓上的垃圾隨時會掉到一樓的小院裡；而且安全問題是一樓不可避免的；就算社區裡很安全，為了避諱路過的鄰居也要掛窗簾，如果整天掛窗簾，那麼本來通風採光都不好的一樓，可以想像會是什麼情況了。

2樓：髒的問題比起一樓當然可以避免，然而妳會發現二樓很吵，因為樓下的聲音很容易傳到二樓來；安全問題依然困擾著二樓，樓層低都不能避免！

3樓：誰都知道三樓是最合適的樓層，同時也是價格較高的樓層，也就是因為如此，小偷通常會比較喜歡這個樓層，所以它是最容易讓樑上君子光顧的樓層，最不安全的樓層。

4樓：四樓一般的安全問題比較不必擔心，價格上和三樓基本上差不了太多。但卻沒有三樓方便，而且有些人會認為四聽起來不吉利……

5樓：最高的樓層，冬冷夏熱在所難免，而且不適合40歲以上的人居住，太高了；年輕人如果有小孩在陽臺上玩也不安全。

……

當然了，這些「雞蛋裡挑骨頭」的毛病只是給大家做一個參考，並不是讓大家完全照搬，具體的毛病還得根據您所看的房子來挑骨頭。不過，要說得合理一點，不要給人留下太挑剔的印象。

其次，如何根據具體的情況來殺價？

在說自己的心理價位時，一定要參照周圍可以類比的房屋近期售價，這點很容易，只要上網一查就可取得。既不要被忽悠了，也不要讓自己開出了一個離譜的價

格，直接降低了妳的誠意。

一般買中古屋，需要了解賣方賣房子的迫切性，如工作調動，或財務困難等。如出現以上情況，也許是較好的還價時機。

當然了，上面這些還價策略都是需要合理利用的，而不是盲目一砍到底。如果是自己真心喜歡的房屋又在財力之內，務必在還價時把握好分寸，畢竟還價只是一個雙方「探底的過程」，應儘量避免極端情緒的出現，以免留有遺憾。

如果妳實在不會還價，可以讓妳的姐妹好友中已經有過購房經驗的人陪著妳去，多一個人的力量，多一張嘴，多與售房者講道理、多與他們交流、多與他們建立感情，爭取能夠用最低的價格拿下自己中意的房子！

用嘴皮子為自己的「家」省下第一筆錢。

第3章

開闢職場財路的第二來源

1．創業與兼職

工作比較清閒的女性朋友，為了改善自己的經濟狀況經常會去做一些兼職。可以說，兼職是職場財路的第二來源。

除了正職之外，妳又想為自己多賺一點錢，那麼該怎麼辦呢？

這時試著兼職或者自己在下班時也可以當個小老闆，像是在網上架設一個小店鋪，賣你拿手的東西。兼職既可賺到錢，又可以充分利用了時間，是一個很好的財路來源。

一、如果妳的財商較高、點子又多，妳可以找準好的項目在正職之外自主創業。要動腦筋，時刻留心，四處留心。另外，該下手時就下手，不能猶猶豫豫。

二、如果妳有資金，又不想太費心；或者妳沒有資金，又願意多做點事，妳可以選擇合適的合夥人進行創業。與合作夥伴一起進行創業需要注意的事項是：責、權、利一定要分清楚，最好形成書面文字，有雙方簽字，有見證人，以免到時空口

無憑。有很多好朋友就是這樣被謀殺掉的！

三、如果妳是不想冒任何風險而又想嘗試一番創業滋味的上班族，那麼不妨先嘗試一下兼職，既穩定，風險又低。

四、如果妳敢於冒險、風險承受能力較強，妳可以充分利用在工作中積累的資源和建立起的人脈關係來做生意。但要注意不能將個人生意與單位生意搞混淆、本末倒置，要區分清楚主業、副業，不能影響單位的工作，如果做不到這點，勸妳還是考慮放棄其中的一個吧！

五、如果妳有一定的資金積累，想開店卻沒有什麼好的生意機會，不妨做一個好的產品的代理，在選擇產品代理時應遵循以下幾條原則——

a 不要做二手甚至三手的代理商，除非生產廠家有特殊的要求。

b 選擇的產品必須是真材實料的，必須是正規企業生產的，最好是經過相關部門認證的有合法手續的產品。

c 儘量不做大公司和成熟產品的代理，因為這類產品一般市場穩定，但利潤空間較小，條件苛刻，非實力雄厚者不能承受，上班族更難以問津。

另外，在考慮兼職時，還要遵循下面兩個原則——

1．不損害本職單位利益

進行兼職不能損害本職單位的利益，尤其忌諱到有競爭性的同行單位兼職，更不能利用原單位的資源和便利條件、甚至是商業祕密，為兼職單位謀利益。

2．在完成本職工作的前提下

所謂兼職，就是自己本職以外的工作。毋庸置疑，自己本職工作是主，兼職工作是輔，千萬不可本末倒置，將「主」丟了，那就得不償失了。

2．幾種適合女人的兼職

哪些兼職是女性朋友喜歡的呢？很多女性朋友經常選擇下面這些兼職：

1．土地、房屋仲介

不管是土地或房屋的買賣，大都需要透過第三者的介紹，雖然正式的仲介公司已經相當競爭了，何況妳是一個業餘的，不過有人脈的人做什麼事都可行，妳可以在私下研究相關的法規，然後配合一個正牌的代書業者，就可以開始玩票了，這是利潤豐厚的一種副業。

2．老街景點導遊

經驗豐富的景點導遊將成為旅行社的「搶手貨」，景點導遊慢慢成為兼職「新貴」，但一定要考取導遊證之後，才可聯繫旅行社開始帶團。

景點導遊工作大都利用雙休以及節假日，不會與正常上班時間衝突，報酬較豐厚，而且可以在工作中廣交朋友。但是，導遊工作的強度大，休息時間少，精力、體力的消耗很大，建議身體素質不好的女性朋友，最好不要輕易嘗試。

3．各種家教

如果妳有音樂或美術或外語等專長，或只是一般學科的修為，都可以去擔任此一職務的。

家教的工作時間固定，工作環境相對安靜輕鬆，鐘點費的收入也ＯＫ，又能鍛鍊口頭表達、思維和應變能力。

家教的鐘點費沒有固定的標準，由於地區、科目不同，差異很大。如數學、英語等基礎科目較為普遍，而音樂、美術等的鐘點費則相對較高。

家教可以通過朋友介紹，或在網路上打聽，也可以到家教中心尋找工作資訊。要注意，到家教中心時，一定要注意其是否有管理部門頒發的營業執照和許可證，不可盲目相信一些小廣告，家教以自身「安全」最為重要。

4．接待人員

接待人員對形象氣質要求較高，且要有充裕的時間，比較適合身高、容貌有優

勢的女性朋友。

這些兼職一般薪酬較高、能接觸高層社會，在一定程度上會激發人的上進心；工作前一般要接受嚴格的形體訓練，對自身形象和氣質的塑造，大有益處。

但是，有些騙子公司很有可能以招聘接待人員為幌子來進行違法活動，因此具有一定的風險，應慎重選擇正派的公司。

妳可以到信譽良好、具有一定規模的兼職中心應聘。

5．翻譯

翻譯適合語言類的專業人員，對外語水準要求高，口譯者還要求外貌端莊大方。做翻譯可以鍛鍊自己的外語水準，在賺錢的同時也能學到不少東西，不必坐班，工作時間十分靈活。

翻譯也有缺點。有的企業會因翻譯的品質不過關為由拒付稿酬。而且對個人能力的要求較高，有時薪金與付出不成正比。

想應聘翻譯的兼職，可以關注電視、報紙、雜誌及專門的人才聯合網站上介紹自己，就會有人找上門來。兼職翻譯要找具有一定規模、可信的翻譯公司。每次翻譯材料之前要簽勞動合約，報酬最好分兩次索取，譯前拿一部分定金，交稿後再拿另外一部分稿酬。

如果妳的能力夠，也可以投履歷表到各出版社去幫他們翻譯一本書。

3．最賺錢的行業

優閒有錢的薪水族在努力工作的同時，也可以找到自己感興趣的行業去打拼一番。下面這些是最適合薪水族兼職創業的領域。

1．網路店鋪

這個新興的行業徹底顛覆了前廠後店的傳統商業模式，成本極其廉價，於「無中生有」中，創造出超額的營業利潤。

2．餐車或加盟連鎖

餐車是最近興起的好行業，跑馬路，投資不大（改裝餐車費用罷了），免稅金，只在假日營業，不會影響正職。

加盟一個知名度較高的品牌，既可以自己當老闆，又避免了創業的諸多風險。對於想創業的白領來說，由於採用了加盟授權者良好的品牌形象和成功的經營經驗，既可以降低經營風險和投資風險，也可以從授權者那裡得到經營、管理、培訓、財務、原料配給、廣告宣傳等多方面的支持，降低了創業風險和時間、資金等創業成本，因此投資的成功率相對而言比較高。

3．網咖

網咖的初期投入比較大，一般一個擁有二、三十台電腦的網咖，就需要一筆一百萬以上的資金。不過，開張以後，只要購買一套很好的收費、管理軟體，經營起來就非常輕鬆了。

4．兼職創業三要、三不要

兼職創業要遵循一定的原則，這對於初涉創業領域的女性朋友來說尤為重要。

兼職創業首先要遵循下面三個要點——

1．慎選創業行業

要先從那些對時間的要求比較有彈性、無論白天晚上都可完成的行當入手，比如線上銷售、虛擬助理、國際代理、美術設計、寫作等。

2．全身心地投入

不能因為是兼職創業而減少投入，不要把妳的創業看成是業餘愛好。如果妳希望它能給妳帶來利潤，妳就必須捨得時間和本錢，否則等待妳的只有失敗。

3・儘快入行

兼職創業的時間投入比較少，為了儘快了解將要進入的行業，妳需要走一些捷徑，比如從妳的人脈中尋找一些專業人士，聽聽他們的意見，平時多結交一些業內人士，建立起專業內的人際網路，如果沒有好的資訊途徑，也可以去做一下諮詢。

兼職創業過程中還要避免以下四點——

1・不要影響正常工作

不要在正常上班時處理妳的創業事務，這會影響到妳的職業形象。如果做不到這一點，就應暫緩妳的創業計畫，或者辭掉妳的工作。

2・不要盲目

創業之前一定要考慮清楚資金、投資行業、創業時間、創業目標等因素。不要因為看到別人投資某一行業就盲目跟風，盲目的投資往往不會創造較高的利潤，甚至導致破產。

3．不要半途而廢

當本職工作和兼職創業兩副重擔壓得妳有些喘不過氣來、而且好像看不到前途的時候，不要氣餒。要記住，很多人都是這麼過來的，大部分成功故事的背後都有這樣的艱辛。

4．不要太外行

如果對於這個行業完全陌生，不管是創業或兼職都得慎重！如果這個行業經過評估之後，的確可為，那麼妳應先去熟悉它，不要一下子就當老闆，穩紮穩打的成就，可比失敗重來一次要可靠多了。

第4章

在經濟時代，女人要學會輕鬆生財

1．女人一定要有一技之長

女人拿什麼來立足於這個日新月異的時代？美貌？家世？還是交際手腕？這些都是女人實力的一種表現，但可惜的是，它們的保鮮期太短。到頭來女人的幸福資本乃是自身擁有一技之長。

親愛的，妳想過嗎？當我們一無所有，又沒有一技之長的時候，我們如何在這個世上生存？因此，有人說：「當代女人一定要有一技之長，如此，當男人不要妳時，妳也可以獨立自主地支撐一切。」

也有人說，一個女人，妳可以不漂亮，但是一定要有智慧；妳可以沒有很高深的學問，但要一定要懂得做人的道理；妳也可以沒有太多收入，但是一定要了解怎麼理財。

儘管成為一個完美的女人真的不是一件容易的事情，但如果我們能夠儘量讓自己做得完美一些，那就是一種最完美的狀態了。而努力學習，讓自己擁有一技之

長，哪怕這一技再微小，也能夠為妳的生活起到幫助作用，萬一哪天妳的生活窘困了，這偶然間學得的一技之長，也許就能夠助妳一臂之力。

有的女人，會織一手漂亮的毛衣；有的女人，會拍很多漂亮的照片；還有的女人，會用細膩的筆觸來記錄自己的每一個成長過程；有的女人很會裝扮與化妝；也有的女人，懂得時尚，懂得潮流；有的女人，有一手很好的廚藝，做出的飯菜總是讓人讚不絕口；更有的女人，是電腦高手，會製作網頁、會管理網站並且開個小舖；還有些能幹的女人，懂得做小生意，批些時髦的小飾物來引客人上門，有滋有味地賺錢過日子……這些女人都是美麗的，至少她們都能夠有一樣讓自己自豪的手藝，有一樣可以點綴平淡日子的花朵。更重要的是，這些小小的技術，可以讓這些女人擁有自信，她們對待未來是坦然的，她們知道自己的未來不是夢。

可是，考慮一下我們自己，我們會什麼呢？

「大學所讀的專業在社會上幾乎找不到出路，以前讀書時也是渾渾噩噩地玩。現在年紀越來越大，真的好害怕將來被社會淘汰，我這幾年也沒有什麼穩定的工作，都是做一些很沒有技術面的工作，一般文職啊，銷售啊，靠臉蛋吃青春飯而已。有和我情況一樣的姐妹嗎？或者請大家出出主意，我該學點什麼技能好呢？實用的技能？

「想想，快三十歲了！過年回家看著父母發愁的臉，都不好意思再像以前那麼輕鬆地說：還在找呢！如今年紀一大把，工作呢？又是這樣半死不活地吊著，沒有一技之長足以好好養活自己，在公司裡低眉順目地幹著打雜的活，看著公司新來的年輕美眉都汗顏。昨日又被老大無故訓斥，真想很豪氣地摔門走人，可想想這一日三餐，還是忍著眼淚，偷偷地在廁所裡哭。唉，從沒想到過會如此窩囊地活著。跳槽沒了實力。也許這世上最悲哀的也莫過於我們這些離家的單身女性，一朝沒了工作，得為三餐、房租發愁啊！出路，到底出路在哪裡呢？看著朋友意氣風發地做生意，摸摸自己的榆木腦袋，根本沒那天性。換工作吧，能好到哪去，同樣是『打雜』，想學個一技之長吧，好像辦公室做慣了，除了電腦不知道能幹些什麼，糊塗迷茫啊……」

看看這些發自女人內心的聲音！除了震驚、同情，還有什麼？還有引以為鑒！我們不應該做這樣的女人，我們應該做至少有一技之長的女人——

有一次，在成都的城西地區有一所居室，設置典雅，每逢週三、週四、週六，會有四面八方的人彙集於此。吸引他們的，是博大精深的中華傳統花藝，那是來自臺灣的花藝教授、浣花草堂的創辦者曹瑞芸。

「一花一世界，一葉一乾坤」，如果沒有親眼見識曹瑞芸老師的花藝課程和作品，可能很難領略這句話裡所體現的意境。通過她的一雙巧手，花枝、樹皮，甚至蔬菜，那些看似單薄、獨立的植物經過神奇的組合，突然有了生命和不凡的意義。

本來，她到成都並不是專門為了花藝，而是為了當孩子的陪讀。結果，孩子到學校上課後，平日無聊的她便學起了花藝，沒想到她做出的花藝擺設在成都大受歡迎，很多女人都爭相報名想要學習她的花藝。

慢慢地，學生的規模越來越大，客廳坐不下了。曹瑞芸索性在芳鄰路買了棟房子，辦起了專業的花藝培訓班，曹瑞芸的學生從企業老總、花店老闆到普通白領、建築師、職業婦女……授課的地點也從成都逐步擴展到北京、深圳、重慶等地，幾年下來學生已近千人。她將自己的花藝技術，變成了讓自己致富的途徑！

另外，還有一個奇女子——

李敏敏，今年30歲，她是一位外資公司的祕書，平時的工作就是幫主管處理大小檔案，但是下班後的她，過得很精彩。她原本因為興趣而去研讀義大利語，卻因為越學越有興趣，從聽得懂義大利語到能看懂義大利電影，最後乾脆到義大利旅行度假，與當地人對話。她後來經由義大利人推薦，協助品牌服飾在歐洲的採購工作，經常往返於義大利與亞洲各國，從第二專長中化興趣為工作，她的人生可說是高潮迭起。找出自己的一技之長及培養第二專長，不但能夠讓自己的興趣得到發揮，更可以增強自己的工作實力。

也許妳目前還是在為自己的未來擔憂，總是缺乏很強的安全感。這裡給所有的女人提供一條最中肯的建議：不要指望別人給妳安全感，妳的安全感永遠只能來自妳自己。妳必須要學會一技之長，有了一技之長，妳就等於成竹在胸，不管世界如何變，聰明的妳總會險處逢生。

2．年齡要增長，實力更要增長

王芸大學畢業後，就進入了一所高中教學。在這個崗位上，她一教就是二十幾年，獲得了很多的榮譽稱號。可以說，作為一名教師所有的榮譽，她早已擁有了。可是，年過50歲的她，最近又拜正在上大學的兒子為師，學起電腦來了。

同事張老師勸她：「王老師，都幾十歲的人了，眼睛也不頂用了，手打字也不像年輕人那樣靈活，幹嘛還給自己找罪受去學電腦呢？」

王老師卻反過來勸張老師：「妳也應該學學，這東西很管用呢。前幾天，我兒子教我做了一個教案軟體，比起我們以前的板書方便多了。」

張老師笑著說：「得了，我才不想受這份罪呢。」

不久，學校響應資訊化教學改革，舉辦了一場別開生面的「教案資訊處理比賽」，出乎所有老師的意外，奪得冠軍的居然就是年過半百的王老師。

在以後的日子裡，許多在電子時代成長起來的年輕老師，遇到製作電子課件的問題，也要過來虛心地請教王老師。

王老師經常跟她那些老同事說：「學電腦什麼時候都不晚，即使不用它來做教學上的工作，也可以跟年輕人在網上聊聊天嘛！」

很多學生都非常喜歡王老師。因為無論從思想到心態，還是外表打扮，王老師處處都洋溢著亮麗的色彩，大家都願意跟她聊天。

很多女孩在年幼的時候，人們就不停地告訴她們——「花無百日紅」，女人的美是短暫的，所以一定要在最美的時刻找個好男人把自己嫁掉。其實他們不明白，女人，最重要的財富並非她的年齡，而是她的實力。只要她的實力隨著她的年齡一

同增長，她的魅力非但不會貶值，反而會不斷增值。

一個女人要成為快樂的女人、幸福的女人，就必須懂得使自己成為一個可持續發展的女人，成為一個有實力的女人。女人因實力而美麗，因實力而快樂。我們可以活到很老，但依然擁有無比的魅力；我們可以接受皺紋，但必須每一根皺紋都與我們的魅力相互輝映、閃閃發光。

⊙女性如何增強自己的實力

1・多學習知識，時代的發展給了女性更多的機會，要抓住一切機會去學習，讓自己變得充實，贏取屬於女人自己的那份成功。

2・找出自己的一技之長。女性在工作之餘，可以找出自己的一技之長並培養第二專長。譬如有的女性喜歡芳香療法，便可以進修一下這方面的課程，不僅可以為自己做芳療按摩，甚至還可以做一位專業的芳療講師；喜歡花心思在指甲上的，也可以深造變成一位美甲的技師；還有的女性喜歡第二語言，譬如日語、義大利語等，做做這方面的翻譯工作或需要用這些語言打交道的採購等工作。總之，找出自己的一技之長以及培養第二專長，不但能夠讓自己的興趣得到發揮，更可以增強自己的工作實力。

3．女人要有愛讀書的好習慣

林清玄在《生命的化妝》一文中，說到女人化妝有三個層次，第一層是塗脂抹粉，表面上的功夫；第二層的化妝是改變體質，讓一個人改變生活方式、保證睡眠充足、注意運動和營養，這樣她的皮膚會得以改善、精神充足；第三層的化妝是改變氣質，多讀書、多欣賞藝術、多思考、對生活樂觀、心地善良。因為獨特的氣質與修養，才是女人永遠美麗的根本所在。

對於閱讀可以豐富一個人的內涵、改變一個人氣質的功效，我們一般都不會懷疑，問題是，對於一個已被家庭和事業佔據了大部分精力的熟女來說，閱讀應當從何處開始呢？

首先，我們應該摒棄那種讀了一本怎樣的書，就能如何如何的說法。從書籍中

汲取營養，是一個潛移默化的過程，有些書籍可能給妳一種提示，一種方向，要取得真正的進步，還是要靠自己的繼續修鍊。還有，也沒必要迫於當時的潮流去讀一些晦澀的或者自己不喜歡的書，與其囫圇吞棗，不如找些對胃口的東西吃。

書籍並沒有性別，文學、歷史、哲學、戲劇、政治；男人可以看，女人也可以看。不過，對於讀什麼書，男女的喜好還是有一些不同的，女人天生就有著和男人不同的閱讀興趣。男人愛讀強者成功史、歷史、軍事、行銷，很多女人卻更偏好美容手冊、瘦身寶典、愛情小說等生活類的圖書，或是其他一些文學作品。

女人們天生感性，不愛讀晦澀難懂的哲理書、殘酷的戰爭書以及枯燥的行銷書，也是情有可原。其實只文學一類，讀通了，也大有天地。只要細心去體味，文學之中也不乏人生哲理、征戰攻伐。文學是一個窗口，女人可以通過它以審美的眼光來看待生活。

無論中外，文學作品的好處在於能使人有感同身受的經歷，每一本書，每一個故事，都是一首感人肺腑、盪氣迴腸的歌。對於女人來說，心靈的豐富需要人生的經歷，可是現代生活卻不能給她太多經歷的機會。因此，閱讀，特別是讀那傾情演繹人世悲歡的文學名著，在最短的時間裡，跟隨書中的人物走完一生。別人的故事，能夠幫助我們領悟人生、豐富情感。

女人讀書，不僅要讀名著、讀畫冊、讀隨筆，還有一種廣義的書，也是需要妳花時間的，可以把它們都叫做「閱讀品」。比如，妳要看報紙，了解時事；妳要瀏覽專業雜誌以便更出色地工作；妳要定期購買文化類、生活類的期刊，讓自己緊跟時尚、解讀潮流；妳需要音樂的靈魂來安撫妳的內心，妳的耳朵也需要「閱讀」；妳要關心新上映的電影，不忘給自己的視覺和聽覺來一點享受；妳還要帶著靈敏的鼻子到飆網，去撿拾那些晶瑩的浪花，讓自己永不枯竭……

魅力女人是充滿書卷氣息的，有一種滲透到日常生活中不經意的品位，有一種無需修飾的清麗、超然與內涵混合在一起，像水一樣的柔軟，像風一樣的迷人。

4．書中自有黃金屋，無事翻翻經濟書

女性朋友們，想靠投資賺錢嗎？

那就先學學最基本的經濟學方面的知識吧！

假設妳手上有700萬元，這時，妳最想做什麼呢？「有這些錢的話，先去買一個房子，以後就不必租房子了，還有多餘的錢就投資一點股票，有了錢就可以好好孝敬一下父母了。」估計像這樣想的人有很多很多。

如果妳也是這樣想的，接下來要考慮的是，應該在哪裡買房子？買多大的面積？買什麼樣的房子？萬一買房子要貸款的話，銀行利息是多少？制訂什麼樣的還錢計畫？萬一幾年以後銀行利息上漲的話，又該怎麼解決？

當然了，天上沒有掉餡餅的好事，就算是偶然遇到了，不知該怎麼花的人也有很多。也許妳會為了賺更多的錢，反而讓手上的錢飛走了。事實上，大部分中了彩票的人在過了不久後，又重新回到窮光蛋的生活。

所以，不要抱怨妳現在貧窮或不夠有錢的狀態，妳目前的狀態是有理由的，理由也許在別處，但更在妳自己身上。閑下來沒事做的時候，為什麼要抱著電視看到眼睛發酸，都不肯拿起經濟學的書品讀一下？逛街逛到腳磨出水泡的時候，為什麼都不願意看一看書裡介紹的投資大師的技巧？看電視消耗掉的是妳有限的青春，而看看書，卻能夠讓妳學到賺取財富的辦法。

一位女性朋友曾經對理財和投資一竅不通，但是她有個很好的習慣，就是喜歡讀書。她曾經把《巴菲特給子女的10個投資忠告》等投資理財的書看了很多遍，當她覺得自己明白了經濟與投資的常識之後，就拿出自己的儲蓄，開始嘗試按照書中的方式進行投資。

結果她發現，自己通過之前的閱讀對投資已經培養出了一定的敏感度，並且知道如何規避風險，幾年下來，她的投資斬獲不少。現在，她除了堅持投資以外，還在努力閱讀更多好的財經讀物，讓自己不斷提升。

相反，如果沒有足夠的經濟學知識，沒有很好的理財規劃，即使妳一時有錢了，過不了多久，還是會恢復原狀。

有這樣一則新聞：某年輕人中了500萬的彩票，他拿出100萬分給了父母兄弟姐妹，自己拿400萬做投資。但是他之前對理財根本一竅不通。結果，兩年之後，400萬全部在他手中消失，還欠下了幾萬元的負債呢！

妳無需嘲笑這個人，其實，如果妳也總是沉溺於虛假的肥皂劇的幻想中，不願

意去懂點經濟學，不願意學學理財的知識，那麼即使妳也有他的好運中到頭彩，也同樣會難以把握住突然到自己手中的錢。

所以，我想我們應該明白一個道理，改變命運的密碼，其實就藏在文字之中。我們現在最缺的，就是從書中找尋這把鑰匙的勇氣和毅力。而只要能去學習經濟學知識和理財知識的人，都會有所收穫。

聰明的女人在遭受經濟危機後，立刻能夠意識到自己潛在的危機，於是便開始補足自己的薄弱處，撿起了對自己來說生澀難懂的經濟學圖書。別的女人可能正在為暫時安逸的生活享受時，她卻提前看到了自己未來的生存危機，將自己的經歷挪到了充電的環節上。我們不想說「功夫不負有心人」這樣的話，因為這種話每個人都明白它的意思，每個人也都聽過無數遍，但是，很多女人聽多了也就不當一回事了，根本不願意克服自己的惰性來彌補一下自己在經濟、理財等方面的知識欠缺，因而總是日復一日地處於一個抱怨、哀求、窮苦的生活狀態中。

我們要做個聰明的、獨立的、堅持的、有主見的女人。在投資理財時，如果沒有最基本的經濟學方面的知識所鋪墊，我們如何進行？恐怕就只能隨大流了，可是妳要知道，隨大流永遠賺不到大錢，但卻很有可能賠大錢……

有了基本理財知識的女人，可以按照自己的主見做出決定，即使虧了，也是一種經驗的累積，而不是一種後悔。所以，當我們還沉浸在韓劇、日劇中不能自拔時，當我們在家裡無聊得只想睡覺時，不妨在家裡貼一張紙提醒一下自己，該看看經濟學方面的書了，看書就是掙錢！何樂而不為？

5．收看電視網路裡的投資資訊

要進行正確合理的投資，女性朋友們必須先把經濟運行的規律和現狀弄清楚：最近金融市場上新出來的商品是什麼？這些商品有什麼特別的優勢？什麼樣的公司運作情況較好，股票能上漲？什麼樣的企業正在興起？

這些都要弄清楚，才能靠投資賺到錢。可是，怎樣捕捉這些最新的資訊呢？最重要的就是新聞。養成通過報紙、雜誌、電視和網路等途徑，來了解最新的市場訊息、投資資訊的世界趨勢。投資機遇往往是瞬間即逝的，如果妳把時間花在了肥皂

劇的無聊情節上，也就注定與賺錢無緣了。

為了熟悉經濟知識，最有效的方法就是每天看新聞。把看電視劇的時間節省下來看電視新聞，看財經類節目，可能妳會覺得這件事太簡單了，但其中卻有很深的分析工作要去做功課。

當然了，在這個網路時代，我們除了通過電視了解資訊之外，上網時也別只顧著聊天或看娛樂八卦，可以看看網上的新聞和財經資訊，而且還可以每時每刻都得到最新的情報，還能了解到別人是如何投資的，互相交流。

妳可不要小瞧了這每天一點時間的小功課，如果妳有了足夠的經濟知識，有了足夠敏感的財經神經，也許就是稍微不經意的一個小瞥，就讓妳發現了一個賺錢的大機會呢！

資訊的價值到底有多大呢？我們來看個成功者的例子就會明白——

一八七五年初春的一個上午，亞默爾肉類加工公司的老闆亞默爾仍然和平時一樣細心地翻閱報紙，一條不顯眼的不過百字的消息，把他的眼睛牢牢地吸引住了：墨西哥疑有瘟疫。亞默爾頓時眼睛一亮：如果墨西哥發生了瘟疫，就會很快傳到加州、德州，而加州和德州的畜牧業是北美肉類的主要供應基地，一旦這裡發生瘟疫，全國的肉類供應就會立即緊張起來，肉價肯定也會飛漲。他立即派人到墨西哥去實地調查。

幾天後，調查人員回電報，證實了這一消息的準確性。亞默爾放下電報，立即開始集中大量資金收購加州和德州的肉牛和生豬仔，運到離加州和德州較遠的東部飼養。兩三個星期後，瘟疫就從墨西哥傳染到聯邦西部的幾個州。聯邦政府立即下令嚴禁從這幾個州往外運食品，北美市場一下子肉類奇缺、價格暴漲。亞默爾便及時把囤積在東部的肉牛和生豬仔高價出售。

短短的三個月時間，他淨賺了900萬美元（相當於今天1億多美元）。我們不能不說，對於善用資訊的人來說，資訊真的是無價之寶。

亞默爾善於運用資訊，也切切實實地從資訊中收穫到了巨大的利潤，所以，感受到資訊重要性的亞默爾，為了得到更多的資訊，就投入了更大的資本。為了更有效地獲取資訊，也為了避免他個人的力量無法兼顧到所有的資

訊，他還成立了一個小組，專門負責蒐集相關的資訊。

這些資訊蒐集人員的文化水準都很高，長期經營公司的相關行業，富有管理經驗，懂得資訊中哪些是有用的，哪些是無用的。他們每天都蒐集世界上的幾十份主要報紙，並對其中重要的相關資訊進行分類，再對這些資訊做出相應的評價，而這些已經集聚了全世界資訊精華的資訊，最後，會被送到亞默爾手中，再由他去選擇出可以為公司帶來財富的資訊並加以利用。

這樣，亞默爾在生意經營中由於資訊準確而屢屢成功。

從亞默爾的例子中，可以知道，如果我們能夠抓住對我們有用的資訊，並加以利用就可以為我們創造無盡的財富。

不過，亞默爾的年代，電視才剛剛誕生，網路還未出世，所以他只能通過報紙來蒐集他的投資資訊。而如今的我們，掌握著電視、報紙、廣播、雜誌、網路等多元化的資訊途徑，卻把時間浪費在看無聊的肥皂劇上。如果妳想通過資訊賺錢卻又不知道珍惜資訊、搜索資訊、發現機會，那妳實在是浪費了21世紀的優越條件了。

也許有人說，女人天生對經濟、數字不感興趣，看那些無聊的資訊沒什麼意思，枯燥透頂。那是因為妳沒有嘗到甜頭！為何不給出半年或一年的時間讓自己試試呢？嘗試著多看電視新聞、多瀏覽網路新聞，尤其是財經資訊，並補充一下經濟學方面的知識空缺，妳一定也會有所收穫的。

第5章

用專業讓自己賺得更多

1．將妳的興趣轉化為賺錢的能力

在工作中，妳可以做到人緣好、氣勢強，而且工作可以越換越好，年薪越來越高。如何才能做到？答案就是擁有專業的競爭力。對於女性而言，要求個人的不斷發展，賺取大量的財富，只有不斷地為自己充電，提高自身的競爭力。

會用興趣賺錢的女人是最漂亮的女人，也是最有智慧、最懂得享受生活的女人。做自己愛做的事情本來就是一件快樂的事，同時還能通過自己愛做的事來賺錢，就更幸福了！

「在家做網頁，既可以做自己喜歡的事，又可以掙錢，還不用擔心與本職工作相衝突，何樂而不為？」這就是網上兼職主持人（個人網站站主、版主）的普遍感受。我們知道，目前的網站大致可分為綜合性站點及專業性站點兩大類。若想開設「網站店鋪」的朋友可上網去以下的各個網站搜尋一下，PChome商店街（www.pcstore.com.tw）Yahoo拍賣（tw.bid.yahoo.com）樂天市場（www.rakuten.com.tw）露

天拍賣（www.ruten.com.tw）要佔領市場，則要著眼於開闢獨特的市場定位。

網路是青年人的世界，在15歲至35歲的青年人中，網路已成為他們生活的一部分。基於這一觀點，許多網站開闢了新型的職業謀生方式，網上兼職主持人就是其中的一種。

據了解，這些兼職主持人多數是個人網站的站主，他們可以將自己喜愛並製作好的網頁，直接上傳到該公司網站上，也可以將個人的網頁做適當改動後再轉過來。只要主持人認為自己有餘力就行，並不會影響到本人的生活及本職工作。

從事網站主持人的職業不僅可以滿足個人的成就感，而且還會有相應的回報。網站一般會按編輯在欄目上編稿的數量給予一定的報酬。業務拓展得好的主持人，還可以開闢新的欄目，再細分形成自己的團隊。做這份職業一方面仍可以保持自己的興趣愛好，另一方面還可以從網站上獲得相應的報酬，真是一舉兩得。

齊小姐就在一家女性網站的某個論壇擔任版主，同時還兼任記者工作。所採訪的問題都與女性朋友的家庭婚姻生活相關。用她的話說：「我的感情比較細膩，比較愛傾聽各種情感類的故事，而且也挺愛和心理專家交流，這份網路兼職工作，讓我能夠採訪到很多有故事的女人，和她們共同交流，同時還能諮詢心理專家，我覺得這很好。在我做兼職的過程中，對我自己的感情和婚姻生活也有了很好的認識。而且每個月還有一筆不小的收入，一舉兩得，何樂而不為呢？」

同樣，有自己特殊的興趣愛好，並將愛好發展為事業的朱某，也在享受著自己的興趣，給自己帶來的快樂與財富生活。

對於絕大多數的廣東觀眾而言，阿蘇絕對是個「非典型明星」。54歲高齡的她，因為TVB烹飪節目《蘇！GOOD》爆紅，永遠一身中性打扮的她被視為「潮人」，她言辭犀利敢怒敢言。「很少人能像我憑興趣賺錢！一連兩輯的烹飪節目《蘇！GOOD》，意外地成為TVB去年的收視皇牌。」

《蘇！GOOD》是一檔美食節目，每集都有特定的食材作主題，主持人阿蘇不單親自帶隊橫掃街市，與隱世廚神各方高手合力搜羅主題食材，公開講授祕笈，還親自下廚，示範烹調私房菜式。她由淺入深教大家煮食之道，還會在閒談間讓觀眾了解她對美食的理解及看法。她從不拐彎抹角，無論是好吃的還

是難吃的，都會直接展露在觀眾眼前。

而她自己平時在生活中，最大的興趣就是研究各種美食。研究它們的做法，品嘗它們的味道。通過做節目，她既能夠延續自己的興趣，還能與觀眾交流，更能賺到錢。這樣的人生實在是美好的人生，真讓人羨慕不已！

著名的廣告界名人莊小姐，也是一個因為興趣而成功的女人，她有著和阿蘇一樣的幸運。

年輕時候的莊小姐一直有著自己的理想——「我一直嚮往兩個工作，一個是做廣告，一個是當記者。我把當記者放在廣告之前。」

莊小姐畢業於臺灣大學。大學畢業後，她先是做貿易，因為實在沒有興趣，一年就換了四個工作。然後東碰西撞地到報社當記者，因為不是科班出身難得發展，她不得不熄滅了記者之夢。

此時，她只好將方向定位在大眾傳播。她從小就立志要幹事業而非找工作，因為廣告業與傳媒有一些相似之處，她轉而追求廣告進了台廣——當國外部的英文助理。

這是一個對於莊小姐來說極其輕鬆的職位，以至於當時的主管擔心她不會做得很長久。但莊小姐是個有目標的女子，這個目標就是希望早一點當上「AE」（客戶主管，英語Account Executive的縮寫）。

莊小姐曾經回憶說：「在台廣做AE時，我非常善於動腦子。剛進台廣的時候，常常自告奮勇地去聽他們創意部門的會議，或主動幫其他客戶主管給客戶送稿子，凡事都搶著去做。善於聽，善於學，有一股子拼命的勁頭。」

做了客戶主管的莊小姐終於知道：做自己真正有興趣的事比高薪更重要，正是因為自己的興趣，才讓自己慢慢地走上成功之路。

真正成功的人，懂得堅持自己的愛好、堅持自己的興趣，並最終達到利用興趣來養活自己、成就自己，享受生活的美好狀態。這時候的女人，既收穫了興趣愛好，又收穫了金錢，就是事業上最成功的女人了。我們希望妳將來也能成為這成功

女人中的一員。

2．看清楚自己的含金量

「高階主管」頭銜比比皆是，含金量的差異卻是很大的。很多女員工在原來的公司帶著「經理」、「主管」的頭銜，跳槽時，自然而然會有下一家公司給的職位不能低於以前的級別的想法。在跳槽後進入下一家公司的時候，當妳發現現在的職位不如以前高，往往不願「委曲求全」時，妳要想到職業的含金量，這是衡量工作價值的標準。不要覺得比妳前一個職位低的工作就有損妳的自尊心。現在許多大公司和知名企業並不輕易承認那些「高階」頭銜，他們關心的，是求職者的具體實力與戰鬥力。

「妳在以前的公司具體做哪些工作？取得什麼樣的成效？」這是企業在招聘的時候最關心的話題，他們絕不會去關心——「妳在前一個公司的頭銜是什麼？」

獵人頭顧問曾指出：不同的工作領域，相同的工作性質，它的職業含金量也不同。許多小型企業的「經理」、「總監」所做的工作，所承擔的職責，還比不上一個大型企業裡的普通職員。「高階」頭銜比比皆是，含金量的差異卻是很大的。如果一個做財務管理的人，在一家大型工業企業就算是一個普通職員，能夠學到的東西也一定強於在一般零售業裡的財務管理人員。

職場高階白領應把眼光放在企業的發展空間，能否給員工提供福利、培訓等優良條件，這些遠比形式上的「頭銜」更加實惠，而且能夠為妳以後的創業積累足夠的職業含金量，從而使妳的職業生涯再上一個臺階。

另外，要提升自己的含金量，就必須注意自己在上司心目中的形象。很多女性到公司很長時間了，在同事面前做事有條有理，但在上司面前卻手忙腳亂，做事亂了「章法」。怎樣塑造在上司心目中的形象呢？

1．反應要快

上司的時間比妳的時間寶貴，不管他臨時指派了什麼工作給妳，都比妳手頭上的工作來得重要，接到任務後要迅速準確及時完成，反應敏捷帶給上司的印象，是

金錢買不到的。

2．說話謹慎

工作中的機密必須守口如瓶，即使對最親密的人也一樣。

3．保持冷靜

面對任何困境都能處之泰然的人，一開始就取得了優勢。老闆和客戶不僅欽佩那些面對危機聲色不變的人，更欣賞能妥善解決問題的人。

4．勇於承擔壓力與責任

不要總是以——「這不是我分內的工作」為由來逃避責任。當額外的工作指派到妳頭上時，不妨視之為一種「機遇」。

5．提前上班

別以為沒人注意到妳的出勤情況，上司可全都是睜著眼睛在瞧著呢！如果能提早一點到公司，就顯得妳很重視這份工作。

6．善於學習

要想成為一個成功的人，樹立終生的學習觀是十分必要的。

7．別對未來預期太樂觀

千萬別期盼所有的事情都會照妳的計畫發展，要有受挫的心理準備。

8．苦中求樂

不管妳接受的工作多麼艱巨，即使鞠躬盡瘁也要做好，千萬別表現出妳做不來，或不知從何入手的樣子。

9．敢於做出果斷的決定

遇事猶豫不決或過度依賴他人意見的人，是注定要被打入冷宮的。

10．廣收資訊

要想成為一個成功的人，光從影音媒體取得資訊是不夠的，多看報紙雜誌，才是最直接的知識來源。

3．職場女性取得高薪的方法

在今天這個職場競爭異常激烈的社會，很多女性感歎工作難找，取得高薪就更難了。其實只要妳掌握了職場贏得高薪的技巧，取得高薪也不難。

1．選擇業績佳、前景好的公司

高薪來自公司的高績效，所以妳要先留意公司的體制，如：組織決策流程、員工素質、核心技術等。但是，也不應只關心企業現在的業績，更應關心影響整個公司，乃至整個行業發展的因素。

2．觀察企業的領導人是否具備前瞻性眼光

好的領導就像動力十足的引擎，為公司輸入新的想法，創造和諧的工作環境。如果領導人具有開拓進取精神，必定能為員工提供一個廣闊的發展空間，薪資增長也自然水到渠成。

3．讓自己成為難以替代的人

物以稀為貴，職業也是一樣。如果妳做的工作人人都能做，妳受重視的程度和薪資，自然高不到哪兒去，如果妳做的工作別人不能做，或能做的人很少，拿高薪

是順理成章的。所以，職業女性應該時時注意企業的整體環境正在發生哪些轉變，並且思考在這樣的轉變中，企業急需具備什麼技術或才能的員工，以便及早準備，提升自我價值。

4．豐富自己的閱歷

閱歷豐富的通才，可以有效地整合企業內高度分工的各項資源，形成綜合效應。因此，女性要把握住各種機會豐富自己的閱歷，如：參加專案規劃，參加在職培訓等，在學習的過程中盡心盡力，在潛移默化中提升自己的價值。

5．具備團隊協作精神

這幾乎成為招聘一方對求職者共同的、最基本的要求。可見合作協調在一個組織中的重要性，一個有序的組織應該是強調專業分工，但絕不能各自為政。在這種環境下，能夠組合、協調本部門或部門之間的工作，發揮團隊力量的佼佼者，高薪自然不在話下。

6．目光長遠

這一招不是什麼實際的辦法，而是提醒妳追求高薪是妳的目標，但目光遠大的人，不能將視線只停留在追逐高薪上。因為只有不斷增加妳的個人價值，才是妳取得高薪永不熄滅的火炬。如果一味追求高薪，而忽略了薪資僅是個人價值的反映，難免會捨本逐末。

4．女性升職要具備的六大特質

求職之初，女性往往會因為過於謙遜而錯失了該有的位置，在工作過程中，可能也會過於溫柔和緩，不想競爭，因而必須在不如自己的人手下工作，甚至對方由於能力不足、表現不如自己而會想要打壓妳。

職場即戰場。倘若妳想要晉升，隨之而來的競爭和搏擊（對抗比賽）就不可避免，這時，妳能依靠的只有自己的堅強意志。千萬不要常常覺得自己很可憐，裝柔

弱或輕易落淚，那只會破壞形象，職場中女性若表現出弱者姿態，就注定和晉升無緣。從重建「上進心」及「自信心」開始，學習正確地評估自己，是職業婦女成功的第一步！

競爭激烈的職場上，女性如果想要獲得成功，除了有時必須付出比男性更多的努力之外，還要從下面幾個方面來提升自己的素質。

1．敢於踴躍發言

在一些以男性占多數的職場中，女性的意見往往會被淹沒，成為「沒有聲音的人」。女性應該堅信，自己絕對有發表意見的權利。成功女性發言前有所準備，有條理地陳述意見，不但言之有物並且言之有理，自然能表現出權威感，也較能在職場中被脫穎而出。

2．勇於提出需求

千萬不要以為，妳的主管會很主動地注意妳的需求，會替妳設想，為妳規劃升遷之路。其實，一個部門中人數眾多，主管很難顧及每個人的需求。如果妳有很強的上進心，最好主動讓主管知道。除了直接向主管反映妳在工作上發展的期望外，還有其他一些方式，可以讓主管察覺妳的上進心。例如，在開會時，成功女性從很早就已經坐在「參與度高」的前段座位，並且積極發言、提出有建設性的想法。

3．要求授權、擔起責任

在職場上，老闆最喜歡的員工，是可以放心授權的「將才」，而不是畏畏縮縮、無法擔起大任的小兵。女性如果能夠「主動」要求上司授權，接下別人不敢接的工作，自然能得到更多的表現機會。例如，妳可以勇敢地接下大家都覺得棘手的專案，借著這些工作的洗禮，累積職場經歷，並且激發出自己的潛能。

4．對自己的定位清楚

女性想要在職場上擔任要職，一定是很早就已經抱持——「我要在職場上闖出一番成就」的決心。她們不會懷有——「等哪一天出現一個白馬王子救我脫離苦

海」的天真想法。她們知道，在職場上為自己定下什麼樣的目標，往往結果就會如何。例如，為自己定下——「要在幾年內成為主管」的目標，並且有計畫地去達成過程中必須完成的小目標，自然就有成功的機會。反之，如果一點具體目標也沒有，成功也不會從天而降。

5．懂得推銷自己

在職場上，自我行銷是絕對有必要的。在眾多同事中，如何讓老闆發現妳的上進心和專業能力，需要有一些主動的作為。即使主管沒有要求，成功女性也會定期向主管報告工作進度。

另外，當其他同事習慣性地躲著老闆時，她們會主動與老闆攀談，給老闆留下積極、正面的好印象。

6．對不會的要邊做邊學

與男性相比，女性往往容易退縮，對於未曾做過的工作，總是顯得遲疑不前，也因此錯過許多表現的機會。而成功女性則不願錯過任何表現的機會。她們知道，對一件工作即使不是完全熟悉，也可以邊做邊學，而且要充滿信心上場接受挑戰。即使做錯，也能得到寶貴的經驗。例如，當上司要給妳升任主管的機會，有潛力的成功的職場女性，不會以「我沒當過主管」為理由而退卻。在職場中順勢而為、隨機應變，也是能否早日成功的關鍵之一。

最後，在職場上真正成功的女性，不會整天緊繃著一張臉，也不會焦躁地走來走去，使別人有藉口批評她「情緒化」。所以，不管妳多努力、多累，或多生氣，「保持笑臉、放輕鬆」的確是職場女性必須要學習的功課。

5．女老闆的定位

現在，創業不僅僅是男人的事情，有能力的女性比比皆是，她們也成了創業大軍中的「一代英雌」。

一旦當上了女老闆的妳，就必須更注重自己的形象。女老闆的形象既是妳個人

內在能力的廣告，也是妳所率領的企業形象的聚焦點。首先，要自信；其次，形象要好。完美的女老闆形象是通過女性化、個性化、老闆風度和時尚品位來體現的。

1．女老闆不要丟棄女性打扮

從把事業定位在商業圈那一刻起，女老闆們就被拋向了市場，開始了和男人們一樣的競爭。這種競爭常會使人忘記性別，但其實，妳永遠是先作為女人，後作為老闆被認知的。

人們可以容許男老闆們一成不變的西裝領帶打扮，卻不喜歡女老闆們一副男人婆的模樣！

2．女老闆要注重自己的個性化

個性化，是女老闆形象的點睛之筆。它與個人的閱歷、文化修養、知識結構有很大關係，是用服飾來體現的，是使妳和他人差別化的部分，別人只可羡慕妳的形象，卻無法企及和效仿。

3．女性當老闆要有風度

老闆風度是妳以職業形象示人的一面，也應該說是妳的公眾形象，髮型、妝容、服飾都要突顯出成竹在胸、穩操勝券、駕馭市場的大家風範。

4．女老闆也能有時尚品位

如果妳置身於時尚社會之中，卻偏執地留於潮流之外，人們就會認為妳的社會角色不稱職，繼而對妳的企業發展產生懷疑。

時尚感隨社會脈動，當女老闆的聰明女性，越應該通過這種形象，向人們展示自己和企業的形象。

6．不可不知的未來高薪職業

如果妳不能勝任上節中提到的這些高薪職位，不妨再看看下面這些非常有潛力

的職業。從現在開始準備，總有一天，一定會找到適合妳自己的高薪職位的。

1．資訊技術支援人才

在一個資訊爆炸的時代，資訊技術永遠都會被擺在首要地位。因此，資訊技術人才是人們所急需的。

而在資訊技術支援人才需求中，排除技術故障、設備和顧客服務、硬體和軟體安裝，以及配置更新和系統操作、監視與維修四類人才最為短缺。

此外，電子商務和電子互動媒體、資料庫開發和軟體工程方面的人才，需求量也非常大。

除系統集成的工程師，未來網路專業人才，尤其是網路遊戲業人員將會一天比一天吃香。

2．理財規劃師

一方面，隨著人們理財意識的提高，人們越來越認識到理財的重要性。同時由於理財不當而導致財富流失的例子比比皆是，因此，社會對金融理財人才的需求非常急迫，理財師的市場需求潛力巨大；另一方面，成熟的理財產品種類不多，這就為理財提供了巨大的發展空間。由此可見，理財規劃師在不久的將來，將是一個熱門職業，預計未來的5～10年，理財規劃師將成為國內最具有吸引力的職業。

3．管理諮詢師

管理諮詢師是先進管理知識和成功管理經驗的傳播者，對優化、配置企業微觀層面，和社會宏觀層面的生產力與生產關係，發揮著重要的、不可替代的作用。

4．環境工程師

環境工程師也是一個比較時髦的職業。隨著環境污染的進一步加劇，以及人們環保意識的提高，人們對環境的要求進一步提高，無論是在住宅區還是公園，甚至在大街上，大家都希望面對的是一個綠意蔥蘢、鳥語花香的環境。於是環境工程師自然就成了熱門的職業。

5．精算師

精算師是一項人數不多、專業性更強的職業。精算師通常被認為是受過系統、全面的精算基礎教育，經過綜合、實戰的精算職業培訓，集專業技術和管理技能於一身的複合型高級金融人才。

——以上這些行業，都可以讓女人的生活過得更富裕，更幸福，從事這些行業的女性一定要好好地把握這些工作，提升自己的業務能力，多給自己充電，讓自己在這個領域更優秀。

第6章

當代傑出的女子形象

1．集美麗與智慧於一身的美女——何麗玲

妳能每天早上6點半就起床嗎？

每天一定裝扮得整齊漂亮，讓人看起來總是賞心悅目；

每天都會記賬，每一塊錢的來龍去脈都非常清楚；

對投資非常專注用功，並且「有勇有謀」；

每天總是能準時工作，每天總是要不厭其煩地與幾十位旅客拍照；

下班後會主動約員工一同看電影，或是煮上一桌好菜請客……

——妳有以上的毅力嗎？

春天酒店董事長何麗玲就有這樣的毅力！

1．剔透人性的人脈高手

受了祖母影響甚深的何麗玲，從小就明白，「美貌和理財」是女人一生最重要

的事業。

在她8歲時，祖母就開始教她如何記賬，小學五年級，她便知道了互助會的竅門。22歲時投資「小蜜蜂」電玩機台，賺進人生的第一個一百萬，然後，投入股市，從指數九百點做起，跟著又相中房地產，做起法拍屋生意，還曾是春天酒店的董事長。現在，她更跨足減肥診所、醫療美容與郵購市場，同時，還在杭州、上海等地開設「兩岸」連鎖咖啡館，經營領域五花八門，卻很少不賺錢。

何麗玲如今的財富和事業，除了她特有的投資眼光之外，懂得經營人脈，更是何麗玲成功的一大因素。她縱橫股市、法拍屋，也曾經熱情投入基層選戰，做生意的魄力不讓鬚眉，但另一方面，她又有著女性的細緻。與其說何麗玲美麗、會賺錢，還不如說她是個剔透人性的「人脈高手」。

身邊的人也都說，只要朋友對她好，她一定湧泉以報。「不可能靠自己一個人就能成功，一定是周遭的人幫妳才能成就大事。」何麗玲最在乎承諾和時間，「只要答應，我一定會做到！」因此，朋友有事一定力挺。

剛接手春天酒店時，何麗玲就展現出了獨到「人脈學」。北投區林泉里里長張聿文說，過去溫泉業者都只是禮貌性的拜會，當鄰里有事情需要請託時，業者就表現得心不甘情不願。但何麗玲毫不敷衍，她主動接觸、認識所有的鄰里長，她以同理心一一面對鄰里長們，表示很能理解溫泉業帶給地方交通、垃圾等等的負擔，還主動提供春天酒店往來於捷運站的接駁車，讓當地里民都能免費乘坐。

何麗玲有一套獨特的人脈管理——名片記憶法，讓她能記得大多數只有一面之緣的人。就跟祖母教的記賬方式一樣，何麗玲會歸檔整理每天見到的每個人，拿到別人的名片，她會在名片上寫上和這個人見面的時間、地點、臉部特徵、談話主題等等，交給祕書依產業類別整理好。

這套名片資料檔案，方便她和某人再次見面時，回想起上一次見面的情景，而何麗玲超強的記憶力，在每次赴約之前，只要先翻開名片簿，就能喚起當時的記憶，如此再次的見面，當然會贏得更多的友誼。

這套記人的功夫是在一九九八年幫助男友黃義交選立委時訓練出來的。她認為，如果記不住民眾的名字或臉孔，甚至忘記自己承諾的事情，都很不禮貌，所以，她開始用名片記憶法，讓與她接觸的人都備感受到尊重。

除了利用獨家人脈學經營生活與投資理財，美貌也是何麗玲的最為人津津樂道的特色。何麗玲說：「美麗不是武器，是福氣。」而這項福氣，一半是天生，一半靠自己。事業的成功並沒有讓何麗玲付出健康的代價，不論在何時何麗玲給人的印象總是神采奕奕，美麗又健康。

2．美麗不是武器是福氣

清晨6點半分起床，上跑步機一邊看看新聞，一邊快走40分鐘，接著喝上一千到一千五百毫升的新鮮果汁或精力湯，然後迎接新的一天。

她每天也一定給自己兩三個小時的獨處時間，不論是看書、看電影，這是她重要的解壓方法。何麗玲看書，多半以財經、股票、醫學為主。因為全球財經瞬息萬變，所以要隨時掌握，醫學則是隨時補充健康、美容、肌膚方面的專業知識。

何麗玲的投資嗅覺，與女人的敏感不相上下。股市至今津津樂道的是，何麗玲不出手則已，一出手就十分精準。她曾經兩次準確地預測股市底部；二〇〇二年，更是股市、匯市兩頭獲利。

「弱水三千，只取一瓢飲」，是何麗玲投資股市的原則。上千檔上市上櫃股票，何麗玲只做主流股，最多不超過五檔。因為主流股才是資金的彙集所在，順勢操作，才能順水推舟。

不管是經營事業，還是投資，何麗玲總是堅持「有多少錢，做多少事」，不融資、不貸款，甚至避免使用支票，儘量以現金做生意。何麗玲強調，自己的個性保守，又怕麻煩，看來看去，還是現金最簡單。因此不過分擴充信用及隨時可以變現，也是何麗玲經營事業風險控管中最重要的一環。

何麗玲認為少睡2個鐘頭會給妳一個不一樣的人生，用這些時間打扮自己也好，讀書也好，整理家居也好。時間的管控對現代人來談非常重要，時間調配好，就能遊刃自如。

現在逐漸有人拿她與王永慶相提並論，說她是女性經營之神。

在一次「兩岸咖啡」盛大的開幕式上，當天兩岸三地媒體無一漏失新聞，全然展現了何麗玲美麗溫柔卻充滿力量的超級影響力，也可以看出她平日裡情感投資的卓越成果。

3・出手不同凡響

無論是在臺灣做股票、房地產、美容，或是到大陸投資餐飲事業，何麗玲總是出手不凡，動見觀瞻。

當年她曾以3億元人民幣的大手筆進軍大陸餐飲業，挾雷霆萬鈞之勢，占盡天時地利人和，成為台商投資大陸一個新的階段性的標誌。她處事向來有條不紊，用心細密，思路清晰，好像腦子裡裝著個奔騰處理機，可以同時開幾個windows，快速運作大量的資訊。她大處懷抱強烈的企圖心，小處追求細節完美的個性。

何麗玲在短短的六、七年間躍起，累積了大量的財富，她的好友資深女藝人白冰冰小姐不禁有感而發：「沒想到在冰冰姐眼中的何小妹妹，一下子變成了總經理，何董事長，現在又成了何總裁。」

俗話說「三分天注定，七分靠打拼」，除了天賦，當然還要比常人更努力。她表示要做多元化社會現代事業女性真的很難，每天都會給自己2～3小時，看書報雜誌，吸收新的資訊、新的文化，財經、社會、醫療方面的新知識都閱讀，更隨身帶電腦上網，臺灣的事業則用電話遙控。

2．大陸最具有價值女主持——楊瀾

無可爭議，楊瀾是當今大陸最出色的女性之一。她美麗、聰穎、優雅、知性，30多歲就已經擁有了一個成功的人生，實現了許多人一生都無法實現的人生夢想。她是大陸著名資深電視節目主持人，曾在國內具有強大影響力的電視臺擔任電視欄目主持，以極具親和力的主持風格備受廣大電視觀眾的喜愛。曾主持過《正大綜藝》《楊瀾訪談錄》等電視欄目；曾被評選為「亞洲二十位社會與文化領袖」「能推動中國前進、重塑中國形象的十二位代表人物」「《中國婦女》時代人物」。

1．父母給她起名「瀾」

為何楊瀾的人生如此奪目？是她得幸於上天的眷顧，還是我們太過平庸？回顧楊瀾走過的路，妳就會發現，她的成功在於豐富的知識與閱歷。

一九六八年，楊瀾出生於北京的一個高級知識份子家庭。這樣的家庭背景決定了楊瀾從小必定會接受嚴格的家庭教育。很小的時候，楊瀾的爸媽就要求楊瀾自己管理好自己，自己上學，自己寫作業，甚至自己洗被單。面對父母的嚴格管教，楊瀾沒有任何怨言，相反，伶俐的楊瀾在自立的生活中，鑄就了對生活的熱愛，和對人生的堅定信念。

好強、堅韌而又獨立的楊瀾，出色地完成了高中學業，以優異的成績考入北京外國語學院。大學四年，她一如既往地出色、優秀。在大學即將畢業的時候，《正大綜藝》節目要招一名女主持人，兼具外型和內秀氣質的楊瀾，就被推薦去參加了面試。

面對穩健漂亮且有上鏡經驗的許許多多競爭者，楊瀾並沒有驚慌退卻，她知道自己的優勢在哪裡。

在最後的面試中，楊瀾是這樣開始的——「我認為主持人的首要標準不應是容貌，而是看他是否有強烈的與觀眾溝通的願望。我希望做這個節目的主持人，因為我特別喜歡旅遊。人與大自然相親相近的快感是無與倫比的，我要把這些感受講給觀眾聽……父母給我起名『瀾』，就是祝願一個女孩子能有海一樣開闊的胸襟，自強、自立，我相信自己能做到這一點……」

楊瀾的見解準確到位，她用自己的誠懇熱情、無比的自信形成了一個氛圍，把整個現場都感染了，評委也被說服了。最後，楊瀾贏了。

楊瀾在整個面試過程中，把自己的全部學識和見解都展現了出來，顯示了一個富有學識的女大學生形象。楊瀾以自己內在的優秀品質擊敗了一切靠相貌才能生存和獲勝的淺薄看法。她的經歷證明，功底和學識是一個人永遠的財富，也是一個人長遠立足的取勝法寶。

就這樣，一九九〇年，她開始擔任中央電視臺《正大綜藝》欄目的主持人，並於一九九四年獲得了中國首屆主持人「金話筒獎」，在短短的時間內她就做出了讓人豔羨的成績，事業上可謂得心應手，順風順水。但就在楊瀾的事業處於頂峰時，她卻選擇了離開央視。

在提到自己當年離開央視的原因時，楊瀾擊破各種猜測，給出了讓人吃驚的答案——因為一種對自己未來的恐懼感。

「有一年春節晚會，共有六名主持人，多遍彩排之後，有一位主持的大姐，導演組突然決定不用她了，但卻沒人去通知她。晚會當天，那位大姐興沖沖地拿著禮服到化妝間，化妝師卻說沒她的名字，結果那位大姐黯然神傷地走了。我當時坐在一旁，那一刻我似乎看到自己的未來就是這樣。我當時心想：今天，如果沒有機遇和環境的平臺，有多少成功算是妳努力的結果？選擇離開是因為恐懼，因為命運不在自己的掌握之中。從那一刻起，我就覺得自己首先得站穩腳跟，不要沉迷在鮮花和掌聲中，去尋找成長，去讀書。我的一些成長並不是精心安排的，只是跟隨心裡最真切的聲音。年輕的時候不去搏一搏，什麼時候還有機會？」

就這樣，楊瀾辭去了央視的工作去了美國留學。

一九九七年，楊瀾學成回國。讀書歸來，楊瀾成熟了。

回國後，楊瀾就加入了當時剛剛成立的香港鳳凰衛視中文台，再一次拿起了麥克風。當楊瀾再一次走進觀眾的視線時，人們發現當初那個略顯青澀的女大學生談吐變得更加自如，視野更加開闊了。在鳳凰衛視工作的兩年，對楊瀾的職業發展起了重要作用。她不僅積累了各方面的經驗和資本，也同時預留了未來的發展空間。

一九九八年一月，《楊瀾工作室》正式開播。當時因為人手問題，所有的工作楊瀾都自己一手扛起，自己做選題，自己負責預算，組裡所有的柴米油鹽，她都必須精打細算。這種經濟上的拮据和人員的限制，對楊瀾來說是一個非常好的鍛鍊，使她知道如何在最低的經費條件下，把節目儘量完成到最好的程度。

一九九九年辭去了鳳凰衛視的工作後，在丈夫吳征的協助下，楊瀾於二〇〇〇年動用了約三千五百萬元的資金，與友利電訊主席高振順聯手收購了良記的控股權，更名為陽光文化網路電視控股有限公司，並成功地借殼上市，楊瀾出任主席。就這樣，她從一個做傳媒出來的人變成了一個傳媒名人。自此，楊瀾跨入商界。

此時，資本市場上的傳媒概念風頭正勁。收購之初，公司股價即暴漲20倍之多。同年8月8日，滿載楊瀾人生理想的陽光衛視正式開播，這是當時大中華區第一家以華語歷史人文為主題的頻道。

但楊瀾創業不久，就遇到了全球經濟的不景氣，楊瀾立刻感覺到了壓力。她幾乎天天都在想著公司的經營。由於市場競爭的壓力，楊瀾將公司的成本銳減了一半，並逐漸剝離了虧損嚴重的衛星電視與香港報紙出版業務，同時她還將自己的薪

水減少了40%。

二〇〇一年夏天，楊瀾作為北京申奧的「形象大使」，參加了在莫斯科成功申奧的活動。同年，她的「陽光文化」接手了中國最大的門戶網站之一——新浪網，開創了網路和電視相結合的時代，還與四通合作成立「陽光四通」，開始進軍網路事業，當起了領頭羊。

經過全體員工的不懈努力，陽光文化終於取得了贏利，擺脫了近兩年的虧損。之後，陽光文化正式更名為陽光體育，楊瀾同時宣布辭去董事局主席的職務，全身心地投入到了文化電視節目的製作中。

二〇〇三年，陽光文化完成全面戰略轉型，將業務方向鎖定在重點發展文化、教育產業，現和東方衛視、鳳凰衛視、湖南衛視合作，製作《楊瀾視線》《楊瀾訪談錄》《天下女人》等節目。

從一個清純大方的北京外國語學院的女生，到中央電視臺金牌欄目的名主持，再到遠渡重洋的高材生，一直到今天傳媒行業的女強人。

十幾年之間，從她拿起麥克風的那一刻，她便用她的聰明和魅力佔據了我們多年的記憶；十幾年間，她紅著並還一直紅著，紅得寵辱不驚，紅得如蘭芷吐香。

楊瀾一路走來，總是會給世人帶來新的驚喜，也讓自己的事業大廈越來越高，而這裡面的訣竅，就在於她懂得如何規劃自己的人生。

2．妳可以不成功，但不能不成長

這是個人人崇拜成功的時代，但那些有名的成功人士畢竟是鳳毛麟角。對於成功，人們的定義很狹窄，似乎就是有錢、有名、有權等衡量標準。

楊瀾曾引用歌德說過的話——「每個人都想成功，但沒想到成長。」旨在說明成功其實是向某個目標前進的過程，是在表達自己對人生的態度。

「成功在人生當中只有一兩個點，它是外在的，由別人去評論；而成長是一個持續的過程，是內在的，在內心愉悅的存在。說起成功，每個人都擔心失去，而成長是自己的，雖然成長緩慢，但卻充滿了自信。」

楊瀾認為，每一個成功都是困境的開始，人要想著怎樣渡過困境。有時候，人並不喜歡自己的工作環境，環境給人相當大的壓迫感，這時候，妳一方面要尋求突

破，另一方面，心裡要清楚自己想要什麼。

楊瀾談及了曾給自己以極大震撼的一次採訪，那是楊瀾對一九九八年諾貝爾物理獎獲得者、美籍華人崔琦的訪談。

崔琦出生在河南農村，10歲前從沒讀過書，就在家裡放羊、養豬。10歲的時候他姐姐找到了一個在教會學校讀書的機會，就想讓弟弟到香港去讀書，而他父親對獨子要遠行不大願意，因為男孩大了可以幫忙幹農活，但他媽媽卻非常堅定地要送兒子去讀書。而這一走卻成了他與父母的永別，父母兩人在後來的大饑荒年，都活活地餓死了。

楊瀾坦言：「我當時聽完故事，問崔教授，如果那個時候媽媽沒有送你出去讀書，你如今會怎樣？其實在我內心以為他會講教育改變命運，講感謝媽媽的話語。但是崔教授卻說：『我寧願當時媽媽沒有送我出來，農村家庭有一個兒子是很重要的。如果我當時留在農村，或許我一直不識字，但我的父母或許不至於餓死。』」

「這番話給我帶來極大的震撼！」楊瀾說，獲得諾貝爾獎在很多人眼裡是很大的成功，可是在崔教授眼裡人生有些東西則更可貴。

3．美麗、智慧、優雅的最佳典範——靳羽西

在美國，她因自己製作並主持的《看東方》電視節目，引起轟動而獲得「傑出婦女獎」「終生成就獎」等一頂頂桂冠。她使美國人改變了不少對中國的奇怪看法，試著用一種理解的眼光欣賞東方。自傲的美國人欽佩地稱她為「當代的馬可·波羅」。而在中國，由她親自製作並主持的《看世界》（播出時改為《世界各地》）電視節目則成了人們津津樂道的話題。直到今天，人們還清晰地記得她的螢幕形象——永遠不變的「童花頭」，神采飛揚的笑臉，還有那口香港味很濃的普通話：「妳好，我是靳羽西！」

1．沒有最好，只有更好

靳羽西祖籍廣東，出生在「山水甲天下」的桂林。父親靳永年是中國著名的「嶺南派」畫家。她是家裡的老大，下面有三個妹妹。因為生在廣西，所以父親為

她取名羽西。優良的家教，培養了她健全的人格，父母從小培養她建立起自信心，鼓勵她做最好的。她想學鋼琴、學芭蕾，父母就為她請來最好的鋼琴老師、最好的芭蕾老師；靳羽西四歲時開始學習芭蕾和鋼琴，在那時她就顯露出藝術上的才華，她在音樂上的天賦尤其使人印象深刻。而當她對法語課的興趣忽熱忽冷時，父母也放任她自由發展。

靳羽西青少年時代在香港居住，十六歲到美國，先後在夏威夷和楊伯翰大學深造，在音樂藝術系專修鋼琴。大學時在美國大學生選美中奪得「中國水仙花公主」的桂冠。大學畢業時拿到兩個學位：音樂和政治。大學畢業後，曾在香港的大酒店做過公關。

從楊伯翰大學獲得音樂碩士學位之後，羽西做出了一個改變她一生的重大決定——「我認為我絕不可能成為魯賓斯坦第二，既然妳無法成為最好的，為什麼還要去做它呢？」

為此，靳羽西將她的精力集中到另一件她熱愛的事情上，就是架起東西方文化交流之橋。做一名美籍華人電視節目主持人，她是一個善於把自己的幻想和奇妙的夢境編織成現實，並以此征服世界的人。

一九七二年，靳羽西和妹妹羽屏，一道移民美國紐約，並開始了成功的中美進出口貿易。同時，她曾主動到曼哈頓當地一家有線電視臺主持中英文電視節目。

一九七八年，靳羽西製作和主持電視欄目《看東方》進入美國主流媒體和美國人的視野，在美國公共電視網和發現頻道播出後，好評如潮。此類節目一做就是12年長盛不衰。一九八四年，靳羽西受美國公眾電視網（PBS）的邀請，主持從中國現場直播的中華人民共和國35週年慶典。

2．做一個自己可以給自己買化妝品的女人

靳羽西說：「我真正欣賞的女性是自己可以給自己買化妝品的。作為女人一定要自強、有目標、有自己的謀生手段。」

靳羽西是個不安於現狀的人，挑戰構成了她生活的要素，她總是展開雙臂迎接挑戰。多年來，電視主持人的工作需要她長年化妝，她也有機會用過世界上各種各樣的化妝品，但她還是常常為找不到適合亞洲人膚色的化妝品而煩惱。由此，她又

想到開闢一項新的事業，創立了羽西化妝品公司，研製了一套專為亞洲女性設計的羽西系列化妝品，開始了「美的使者」的歷程。

如同當年搞電視節目一樣，靳羽西要做就一定要做得最好。在中國國家統計局和中國中央電視臺的調查評比中，「羽西」牌化妝品獲得了「消費者心目中的最佳名牌」第一名；羽西化妝品公司成了中國化妝品行業中的佼佼者；她還與世界五大化妝品企業之一的法國COTY跨國公司合作，在上海浦東建立了世界一流水準的化妝品生產企業。

《紐約時報》再次發表文章，說靳羽西是「中國化妝品的皇后」。忙忙碌碌的靳羽西，她正在竭盡全力使自己的又一個夢想變為現實，那就是——讓占中國人口將近一半的女性們漂亮起來，讓西方人刮目再看東方。

女人，要懂得自立自強，這樣，妳的人生才會綻放出不一樣的光彩。

3．生活就是挑戰，經營不同的事業

靳羽西在經商期間跑過很多地方，發現美國人對東方，尤其對古老的中國很不了解，甚至有許多誤解。她常常與他們爭辯，說得口乾舌燥，對方還是不理解。由此，她萌發了創辦《看東方》系列電視節目的想法。

《看東方》系列電視節目每次60分鐘，主要介紹東方人文社會、風土人情、文化藝術等，內容包羅萬象，形式生動活潑。但由於開始時企業界對她能否成功沒有把握，她既拿不到廣告，也得不到贊助。她用盡了多年的積蓄，幾乎山窮水盡。

靳羽西是個理想主義者，又是個實幹家，她信奉「我想拿出有生命力的作品，我就要用我的生命去幹！」她事無巨細樣樣親自過問，每天嘔心瀝血工作十五、六個小時，硬是挺了過來。《看東方》節目在競爭激烈的美國娛樂界掀起了巨浪，竟然通過一千二百個電視頻道，連續播放達五年之久。

《紐約時報》發表評論說：「很少有人能夠把東西方兩種不同的文化融為一體，而靳羽西小姐卻憑著她的智慧和風度做到了。」著名的評論員邁克·華萊士說，靳羽西的《看東方》系列片——「給有線電視帶來了從未有過的榮譽」，與《看東方》一樣，104集的《世界各地》也凝聚了靳羽西的心血。這套電視節目第一次向中國觀眾打開了認識世界、了解西方的窗口。她也以自己獨特的電視主持風

格，影響了一代中國電視主持人。從一九八六年《世界各地》在CCTV播出以來，累計收視觀眾超過10億人次。

為了介紹中國的改革開放，靳羽西還跑遍中國大部分地區拍攝電視片。她在一九八八年製作的《改革的中國》專輯，向美國觀眾系統地介紹了中國改革開放的進程和成就，引起了美國社會的極大關注。

從節目主持人到化妝品創始人，我們看到了羽西的多面。

人生總是充滿了各種挑戰，道路總是那麼崎嶇，妳要面對的是形形色色難以預料的風暴，有些是外來的，有些是妳要提升自己而必須面對的。不管是哪一種，妳都要勇敢地直面它，不要被它擊倒，而是用盡力氣將它擊倒。

4．中國第一位女首富——張茵

張茵，玖龍造紙有限公司董事長。曾是中國第一位女首富，也是世界上最富有的從白手起家的女性。

「我雖然居住在美國，但我的事業在中國。」這是張茵在接受美國第三大新聞媒體採訪時，回答記者的一句話。她是這樣說的，也是這樣做的。

十年前，張茵想做全美廢紙回收出口大王，這一願望很快就實現了。十年後，她又有了新的夢想，那就是在中國實現年產包裝紙100萬噸，成為中國牛卡紙大王。張茵說，中國的經濟秩序越來越好，投資環境越來越穩定，今後她還將不斷擴大投資規模，「在中國賺的錢一分也不會帶走，要全部用於擴大再生產。」另外，還有一個重要的原因，那就是實現她的產業報國夢。

1．化廢紙為神奇，白手起家的平凡

張茵祖籍黑龍江省雞西市，一九五七年出生於廣東，父母都是「南下」的軍隊幹部。一九八二年，父親平反，張茵終於有機會攻讀她喜愛的財會專業，為她日後的成功奠定了良好的基礎。

一九八五年，27歲的張茵放棄了深圳一個待遇優厚的合資企業的財會工作，帶了3萬元錢隻身到香港闖蕩。

由於之前曾受中國一造紙廠委託去香港收購廢紙。張茵開始涉足將稻草漿造紙改為環保造紙這個領域，她很快就了解到了內地紙張短缺的情況，和巨大的市場潛力。中國森林資源相對貧乏，特別是造紙用速生林建設嚴重滯後，因此大部分高檔紙的原料都需要進口的廢紙和木漿（國內廢紙蒐集體系不健全，且級別不夠），發達國家和地區的廢紙成為解決我國造紙原料瓶頸的重要途徑。這個門檻不高、被稱為「收破爛」的行當吸引了不少客商，香港則成為他們最重要的集散地。

於是，張茵在香港做起了廢紙回收生意。回憶起那段歲月，張茵說道：「香港從事廢紙回收的雖然是些文化程度較低的人，但特別講信義，與我特別投緣，再加上我堅持廢紙的品質，又恰好趕上香港經濟的蓬勃時期，因此6年內我完成了資本部分的積累。」在那裡，張茵遇到了他日後的夫君，也是事業的夥伴——臺灣來的劉名中。

一九九〇年2月，張茵夫婦開始在美國拓展廢紙回收業務，成立了中南控股公司。那裡不僅廢紙資源豐富，並且廢紙回收系統極為高效、科學。

另外，細心的張茵也利用了別人沒有發現的機遇——大量運送出口貨物的集裝箱回到中國時都是空返，張茵只用極低的運費，就把美國的廢紙運到了中國。10年間，中南先後在美建起了7家打包廠（將收到的廢紙打包）和運輸企業。

二〇〇二年，中南躍升為美國集裝箱出口用量最多的公司。時至今日，中南已是歐美最大的紙原料供應商，年出貨量超過500萬噸，這些貨物要用20萬個12英尺的貨櫃運輸。據美國森林和紙業協會的報告，美國每年都消耗四千七百萬噸紙張，其中將近75%的廢紙將被循環利用。而據中國海關統計，二〇〇五年廢紙進口數量與二〇〇四年相比提高了33.6%，高達一七〇四萬噸，（大陸進口數量大幅度上漲也直接導致了國際廢紙價格上漲。）這樣算來，美國每年可再生利用廢紙中的被中南輸出，而中國再生造紙原料的以上由中南輸入。

就這樣，張茵夫婦以其獨到的商業模式開創了日進斗金的生意，也為中國造紙行業種下了一片廣袤的「森林」。

既然原料在握，為什麼不自己動手造紙？一九八七年，在香港做了不到兩年，張茵就開始在大陸尋找造紙廠作為自己的合作夥伴，和遼寧營口造紙廠的合資，很快就獲得了成功。隨後，她又在與武漢東風造紙廠、河北唐山造紙廠進行的合資經

營中，積累了不少經驗。一九八八年，張茵在東莞建立了獨資造紙廠——東莞中南紙業，生產生活用紙。

一九九六年，張茵果斷地在東莞投下1.1億美元，設立玖龍紙業。一九九八年7月，第一條生產線建成投產，每年可生產20萬噸高檔牛卡紙。二〇〇〇年6月和二〇〇二年5月，張茵又先後斥鉅資在東莞基地安裝了兩條生產線。至此，玖龍紙業以三條生產線、百萬噸的產能，確立了中國包裝紙板龍頭企業的地位。其後，玖龍的腳步絲毫沒有慢下來，東莞基地的新生產線還是一條接一條地上；同時又揮師北上江蘇太倉，迅速形成95萬噸的產能，幾乎是再造了一個玖龍。

二〇〇五年初，產能已達235萬噸，年底，產能又上升近百萬噸、達到330萬噸，在中國市場的佔有率為17%。玖龍紙業已超越晨鳴紙業成為全國第一、亞洲第二、世界第八的造紙巨頭。中國經濟的蓬勃發展，特別是作為「世界工廠」生產的產品，都需要高品質的包裝物，玖龍紙業產品供不應求，被可口可樂、耐吉、索尼、海爾、TCL等知名企業所採用。

玖龍紙業在東莞市麻湧鎮的1335畝土地上建築了35萬平方米的廠房，土地成本僅為每畝2萬；江蘇太倉所獲3839畝土地的買入單價則在8～8.6萬元；內蒙紮蘭屯739畝土地單價為6.7萬元……二〇〇五年底，玖龍係在大陸持有物業（廠房、土地、樓宇等）估值達24.61億元。

中南以低廉的價格在美國收購廢紙，以低廉的運費運到中國，再利用大陸土地、能源、人力方面的優勢，以低廉的成本生產出緊俏的高檔紙製品。張茵夫婦構建的產業鏈，從前端起每一個環節都在自己的掌控之下，都具備成本優勢，都有利可圖，產業鏈末端輸出的則是供不應求的高檔產品，成功的縱向一體化，及對產業鏈的優化把握，就是中國「首富」誕生的祕密。

2．創業中，專注和堅定鑄就財富

張茵的財富法則是做事專注而堅定，只要看準了商機就下手，然後全心全意地投入心力去做出來。

對於中國四大發明之一的傳統行業——造紙業，張茵情有獨鍾，傾注了很多的心血：從香港到美國，再到香港，繼而把戰場轉向家鄉，擴大到全世界，她的足跡

隨著紙漿的流動遍佈全球。

最初入行的張茵以「品質第一」為本，堅決不往紙漿裡面摻水，因而為觸犯同行的利益吃盡了苦頭，她曾接到黑社會的恐嚇電話，也曾被合夥人欺騙。從未退縮的張茵憑藉豪爽與公道逐漸贏得了同行的信任，廢紙商販都願意把廢紙賣給她，儘管她的粵語說得不好，但是誠信之下，溝通不是問題。

六年的時間裡，張茵不但站穩了腳跟，而且還在完成資本積累的同時，開拓了國際市場。成為廢紙回收的王后，獨具慧眼的張茵有了新的想法：做中國的廢紙回收大王。直至今天，玖龍紙業產能已近700萬噸，成為了一家市值300多億港元的國際化上市公司。

從張茵的身上，我們看到了她的專注與堅定，無論做什麼事，都全身心地投入；無論遇到什麼樣的困難與挫折，只要沉著應對，都可以化險為夷。

這也告訴我們，女人無論遇到什麼事，都要開動自己的大腦，主動去分析，一旦決定做了，就要全心全意地去做。不要把一切都想得很難，不要認為成功女性做的事妳做不了。其實，決定妳只是一個平凡女人的最主要的原因，就是妳沒有成功的財智和對自己事業的執著心。人一旦專注於自己的工作和事業，工作起來就會全心全意，工作中的困難也會迎刃而解。

5．較真到底的鐵腕魅力女人——董明珠

一九七五年參加工作，一九九〇年進入當時還叫海利的格力，現任珠海格力電器股份有限公司副董事長、總裁。先後榮獲「全國五一勞動獎章」「全國傑出創業女性」「全國三八紅旗手」「世界十大最具影響力的華裔女企業家」「全球商界女強人50強」等稱號。她就是——董明珠。

1．一個女人的傳奇經歷

36歲南下打工，15年間董明珠從最低層的業務員，一直做到珠海格力電器有限公司的總經理，還被美國《財富》雜誌評為二〇〇四年「全球商界女性50強」。

因為董明珠的「難纏」，競爭對手形容她「走過的路難長草」。

在一九九〇年進入格力時，她竟連行銷是何物都不知道。但董明珠憑藉堅毅和「難纏」的性格，連續40天追討前任經理留下的42萬元債款，成為行銷界茶餘飯後的經典故事，令當時的格力電器總經理朱江洪對她刮目相看。那年她的銷售額，竟達到1600萬元，打開了格力在安徽省的銷售局面。隨後，她被調往幾乎沒有一絲市場裂縫的南京。隆冬季節，她神話般簽下了一張200萬元的空調單子。一年內，她的銷售額上躥至3650萬元。

正當南京市場蒸蒸日上之時，格力內部卻出現了一次嚴重危機，部分骨幹業務員突然「集體辭職」。董明珠經受住了誘惑，堅持留在格力，被全票推選為公司經營部部長，可謂是受命於危難之時。

一九九六年，空調業涼夏血戰。已升為銷售經理的董明珠，寧可讓出市場也不降價，她帶領23名行銷業務員奮力迎戰國內一些廠家成百上千人的行銷隊伍。8月31日，她宣布拿出一億元利潤的2%，按銷售額比例補貼給每個經銷商，促使該年格力銷售額增長了17%，首次超過春蘭。

此一役，助她迅速登上格力副總經理之位。

自一九九四年底出任經營部部長以來，董明珠領導的格力電器從一九九五年至二〇〇五年，連續11年空調產銷量、銷售收入、市場佔有率均居全國首位。在長期的市場實踐中，董明珠摸索出了一整套獨特的經營方式，銷售模式連年創新，被空調界的同行及新聞媒體譽為「格力模式」，其獨創性的區域銷售公司模式還被經濟界、理論界譽為——「二十一世紀經濟領域的全新革命」，並被評為——「廣東省企業管理現代化優秀成果」。

十多年的迅猛發展，格力電器業績斐然：從一個當初年產不到2萬台的毫不知名的空調小廠，一躍成為今天擁有珠海、丹陽、重慶、巴西四大生產基地、員工人數25000多名、家用空調年產能力超過1500萬台、商用空調年產值達50億元的知名跨國企業；目前格力電器的淨資產達20多億元；一九九五年以來累計銷售空調4000多萬台（套），銷售收入近700億元，納稅超過35億元。同時，格力電器在技術、行銷、服務和管理等創新領域碩果纍纍，深情演繹了一個中國企業肩負的歷史使命和社會責任，讓業界為之動容。二〇〇九年格力銷售額超過400億元，達到430億元。

董明珠卓越的經營才能和管理水準，得到了社會各界的好評並屢獲殊榮：二

〇〇三年1月，當選為十屆全國人大代表；二〇〇五年11月，再次榮登美國《財富》雜誌評選的「全球50名最具影響力的商界女強人」榜；二〇〇六年3月，榮獲「二〇〇五年度中國女性創業經濟大獎」，還曾獲「全國五一勞動獎章」「全國三八紅旗手」等殊榮。

2．堅守原則，一切變得簡單

董明珠是典型的獅子座性格——性格倔強固執、不肯認輸，怕不被別人尊重，同時也有脆弱的一面。

早期她的聲名來自於初進格力的傳奇行銷業績。一九九〇年，36歲的董明珠南下打工，敲開了格力的大門。成為格力的一名普通業務員後，董明珠接下了42萬元的經銷商壞賬。接下來連續一個多月的時間裡，任憑董明珠多次上門，欠債的經銷商依然愛理不理，只管自己看報品茶，連水都不給客人倒一杯。用盡了各種推諉手段後，他乾脆對董明珠避而不見。

董明珠則更強，天天去「堵」，終於有一天把他堵在了辦公室中。董明珠用幾乎失控的聲音大叫：「你要麼還錢，要麼退貨。否則，從現在開始，你走到哪裡我就跟到哪裡，不信咱們走著瞧！」

經銷商終於經不起折騰，40天後，把賬款打給格力。

收到賬款的那一刻，董明珠忍不住從車窗伸出頭，對著這個欠款的經銷商大喊：「從今往後，再也不和你這種人做生意！」

那一年，董明珠獨自完成營業額1600萬元，為格力徹底打開了在中部省市市場的大門。

緊隨其後，董明珠受命調至南京，「能把梳子賣給和尚」的天賦初露崢嶸——隆冬時節，她在一片空白的南京市場簽下了200萬元的空調大單。一年內，她的銷售額達到了3650萬元。

一九九六年夏，南京。董明珠率所部23人，與對手千餘人的銷售隊伍正面交鋒。由於對管道商實施積極的補貼政策，格力當年銷售額增加了17%，董明珠完勝春蘭，並因此而一戰成名。隨後，董明珠被格力老闆朱江洪提拔為副總。

這是格力做過的最好決定。此後的10年間，董明珠治下的格力電器連續11年空

調產銷量、銷售額、市場佔有率均居全國首位。董明珠獨創的區域銷售公司模式，被冠以「格力模式」之名，被理論界譽為——「21世紀經濟領域的全新革命」。

饒是如此，硬幣總有反面。自建管道有最大的靈活性，但管道商欠款成為了對董明珠的最大考驗。為此，董明珠曾嚴令「先款後貨，絕不賒欠」。此舉在管道陣營中引起軒然大波，一時間，一些資歷較老的管道商紛紛向格力老闆朱江洪訴苦，甚至揚言「有她沒我」。

對此，董明珠針鋒相對——「我不管其他公司，格力就是這個規矩。即使100次撞牆頭破血流，我也要撞101次。」

二〇〇四年格力與國美的決裂，成為家電業製造商與連鎖銷售管道矛盾激化的一起標誌性事件。董明珠再次將倔強演繹得淋漓盡致。二〇〇四年2月，未經格力允許，成都國美便將格力空調進行了私自降價。得知消息後，董明珠斷然下令：停止向國美供貨。

後來，雙方經過談判之後以廠商合作的方式，格力再次入駐國美，並分享到了較高的利益。

3・情緒這東西不用控制

如果在戰爭年代，董明珠會是一名馳騁沙場的女將，她如此沉迷於市場的廝殺中，以至於她的強勢和強硬，總是將她放在一個爭議和讚美的風口浪尖上。她蔑視遊戲規則，無情地顛覆遊戲規則，並擅長以自己的方式重建新規則，她時時刻刻都對自己的力量充滿信心。

在公司開會只講缺點、不講優點一直是董明珠的習慣。「我對員工說，我表揚了妳，也已經是過去的事情了，重要的是未來怎麼樣。」董明珠始終堅持自己的觀點，作為一個企業，就是要每天否定昨天的東西，推翻自己才能叫做創新。

一九九二年，董明珠新任格力經銷部長。格力財務部有個發貨員，是老闆朱江洪的親信。一次，因為與經銷商的親疏關係，給賒賬的經銷商發了貨，卻耽誤了給現款經銷商的貨源。董明珠知道後，在全公司員工大會上通報批評並罰款。她還不解氣，又扣了他一個級別的工資。

果不其然，朱江洪第二天便把董明珠叫到辦公室問及詳情。董明珠毅然說道：

「我的權力還不夠大，否則直接把他開除掉！」

董明珠直言，自己情緒管理的最常用方式就是罵底下人。「情緒這個東西，不用控制它，不要壓抑，要釋放。我罵完之後也不會去安撫，罵完就算了。可能是我在格力20年，同事比較了解我的性格，也願意接受。」她坦言——「工作中沒有柔情可言，女性領導不是靠『親和力』解決問題的。」

她強調——「我在江蘇、安徽能做到現款現貨，妳們也必須做到。」在上世紀90年代，格力還很弱小，這仍是一項需要魄力的舉措。這一切使董明珠獲得了足夠的尊重。即使認為——「董明珠當家讓人受不了」的人，也必須承認——「格力不能沒有董明珠」。

除此之外，牽涉到工作，董明珠幾乎從不讓「社會關係學」占上風，即便是親信——她的哥哥也是如此。在崇尚中庸之道的中國，董明珠這種咄咄逼人的風格，讓她顯得鶴立雞群。

在董明珠略顯孤獨的精神世界裡，讀書是她為數不多的喜好之一。她嚮往書中的生活：「書裡的人是人，我們也是人，為什麼不能像書中人一樣生活！」暫時離開空調市場的血雨腥風，生活中的董明珠盡顯單純——「我相信愛情、生命和自由，嚮往小說中完美、浪漫的生活。」

4．雙面董明珠

董明珠從不諱言自己愛美。她極少穿職業裝，或者從側面印證這一點。「我喜歡聽別人稱讚我美麗，柔情似水其實是任何女人真實的一面；身為一個母親，我和任何一個普通母親一樣，談及孩子時會情不自禁落淚。」

——董明珠是愛美的董明珠。

在她看來，孩子是她至今唯一對不起的人。為了工作，她曾經把年僅11歲的孩子，送進學校寄讀。她曾在自己創作的《棋行天下》一書中，寫下了這樣一段文字——

有一次出門後，發現有東西落在家裡，就趕緊返回去拿。經過孩子的房間，想把被子打開再看孩子一眼，結果撩開被子，卻發現他蒙在被子裡，哭得

滿臉鼻涕和眼淚。我的心一下子被揪緊了，那一刻，我意識到自己作為一個母親，給予孩子的太少了。東東看到我又回來了，趕緊把眼淚擦乾，還裝著笑說：「媽媽妳快走吧！我沒事的，我沒事的。」

二〇〇七年春節前夕，董明珠榮獲「二〇〇六年中國經濟年度人物」。站在領獎臺上，她沒有哭，可收到兒子一條「親愛的媽媽，恭喜妳」的簡訊，她淚流滿面——這時的董明珠，是母性的董明珠。

她坦言從不崇拜偶像，對待明星的最高的規格是「推崇」。而即便這推崇，也體現了她內心柔弱的一面——日本偶像劇《血疑》中山口百惠被保護的、純真的、樂於幫助他人的形象，正是董明珠推崇的對象。

面對生活，面對曾經「不公」待遇和競爭對手的趕超，她當然也意識到處在風口浪尖的種種不自在。「我很羨慕明媚陽光下，享受美好生活並可以開懷大笑的紅男綠女。」董明珠意味深長地說。

第7章

朋友談錢傷感情？

1．女人，不要在戀愛中迷失自己

女性總是扮演著關懷別人的角色，女性擁有不同於男性的個性特質。敏感、溫柔、體貼、圓潤、不怕放下身段、韌性堅強等，這些都是成功的特質，但是，妳並不需要把這些特質一古腦兒地全部拿來關注別人，卻忘了最重要的自己。

很多女性並沒有察覺，原來，遇到不好的另一半，也會增添自己的「醫療風險」；太過於投入自己的愛情神話，也可能會侵蝕到自己的理財能力。

然而，戀愛中的女人容易盲目，以為只聽男友的，甚至把自己的所有都奉上，就可以獲得男友永遠的愛戀。其實不是這樣的，女人要睜開自己的雙眼談戀愛。

1．適度地跟對方談錢

上大學時，梁靜如和曉峰已經戀愛一年多了，金錢對他們來說是一個禁忌的話題。他們一般是自己買自己的東西，一起去吃飯時，誰先掏出皮夾就誰付

賬……梁靜如認為這樣很好，否則一直計較金錢，多俗！

很多女孩子都像梁靜如一樣，在戀愛中不去談論金錢，其實這種做法不妥當。因為，一旦度過熱戀期，情侶們就會不可避免地遭遇現實問題。到那時，如果其中一方老是不付賬，另一方就會產生許多想法。時間長了，難免就會發生矛盾。

因此，在金錢問題開始困擾日常生活之前，就應明確地談論它，明確兩人的各項開支應該如何支付。為了避免日後產生矛盾，兩人可以建立一個共同帳戶，用這個帳戶裡的錢來支付日常開銷。

2．不要讓ＡＡ制破壞了感情

小珍和阿偉同屬一家房地產公司，年薪都是超過百萬，最近兩人談起了戀愛。阿偉喜歡兩個人約會時實行ＡＡ制。剛開始，小珍也覺得沒什麼，反正自己的收入也ＯＫ。但是，隨著兩人感情的增進，阿偉出去吃飯旅行時，仍然堅持ＡＡ制，這讓小珍心裡產生了不愉快。後來，阿偉升職了，掙得更多了，即使如此，在花錢上仍然分得很清楚。小珍無法忍受他這樣，最後只好分手了。

在愛情中，牽涉錢的問題比較多，比如約會時的買單問題，結婚時的買房問題，婚後撫養子女的開銷以及贍養老人的問題等，都會給戀愛中的男女帶來煩惱。

有些女人為了擺脫金錢糾葛的煩惱，也為了表示自己是一個獨立的女性，於是選擇ＡＡ制。但是ＡＡ制追求的平均和平等背後，是雙方實力和背景的相當，包括收入相當、家庭背景相當、工作的穩定性相當、能夠共同發展（升職和加薪）等，一旦某種相當被打破了，ＡＡ制的平等就變成了不平等。比如，當某一方的收入暴漲，會給另一方造成心理上的不平衡。

同時，戀人關係過於物化，老是斤斤計較，易造成感情破裂。很多採用ＡＡ制的男女，都受到了傷害，尤其是女性。

女人小心不要輕易陷入ＡＡ制的陷阱，因為有時它只是自私男人為不負責而找的一個好藉口。

3・戀愛中的女人也要有理財的意識

鄭莉莉總覺得自己沒有一點理財的觀念，因此在與男友談戀愛後，所有的收入都交給男友打理，平常的開銷都由男友說了算。當然，遇到重大開銷的時候，男友也會徵求她的意見。莉莉覺得這樣很不錯，自己不用為管錢、花錢而苦惱。

生活中，有很多女生都像莉莉一樣，在戀愛過程中，把自己的經濟大權交給男朋友，卻不知，在愛情關係中，如果一方擁有絕對的控制權，包括金錢方面，長久下去就會造成兩人關係的不平衡。

作為女生，特別是還處於戀愛中的女生，一定要學會自己管理自己的金錢。否則，一旦與男友發生什麼變故，受傷的只會是自己。

現代社會，女人如果沒有理財的自由，是萬萬不可的。特別是對於戀愛中的男女，他們大多覺得充滿銅臭味的金錢，在充滿玫瑰芬芳的愛情面前，看起來確實很庸俗。別再傻了，擦亮妳的眼睛，學會在愛情中聰明理財，做個自由女人。其實，愛情與理財並不矛盾。

其實愛情固然重要，但是也應該學會規劃未來，特別是打算結婚的情侶朋友們。兩人之間如果總計算錢的事情，似乎有點庸俗，但若沒有正確的理財觀念和計畫，更容易讓愛情之舟擱淺。因此，戀愛中的男女更應該認真地談一下理財的問題，畢竟以後的日子還很長，只要轉換一下思路，兩個人照樣可以從理財中，享受到愛情的甜蜜。

2．戀愛中女人要注意的幾個問題

1．借給他錢

很多女人在戀愛時都會借錢給男友，認為這是愛的表現，但這是一個不折不扣的錯誤。為什麼這是錯的？事情在一開始就不清不楚，對方答應妳一定會還錢的，

但妳既不知道是什麼時候，也不知道他如何還？這種隱藏著不信任的關係，在情侶之間往往製造了不少壓力。

一方持續充當著消防隊員的角色，時刻準備為另一方解圍，也許認為這是愛的表示，但實際上是加重了兩人之間的不平等和依附的關係，這對兩個人的愛情來說是非常有害的。

2．讓男友負擔所有的開銷

這也是很多戀愛中的女孩子常犯的錯誤。因為如果男友長期獨自承擔經濟壓力，會使他的心情變得沉重，非常不開心，焦慮暴躁，面對女友的無憂無慮，會感到很不公平。

最好的解決辦法：金錢的煩惱應該是由兩個人來分擔，即使男友的收入真的比妳高很多，妳也可以主動提出負擔一小部分開銷。雖然妳可能並沒有出多少力，但是會讓男友找到心理的平衡點。

3・一個人負責還房貸，另一個人負擔日常開銷

現在新人類流行同棲生活，也就是同居關係。很多女孩子在處理與男友之間的金錢問題時，假設買房的話，女孩都會選擇讓男友負責還房貸，自己負擔日常開銷，但理財專家認為這是錯的。因為沒有從經濟上參與兩個人的重大投資決定，一定會帶來日後的遺憾。不參與還房貸的那一方會感覺房子不是屬於自己的，這種情緒對情侶來說是個定時炸彈。

最好的解決辦法：30歲以下的年輕人在共同投資的問題上經常猶豫，因為他們對自己的未來還不確定。但心理學家說，如果兩個人想共同投資，房子是最好的選擇：在一處各自擁有權利的房子裡共同生活（房子產權由兩人持分具名），能帶來精神上的平等感受。

3．借錢給別人要三思

借錢容易還錢難啊！借錢的人很容易開口，因為大家感情好，才向妳借錢，借錢是信得過妳，看得起妳。而討債的人卻很難開口，因為討債總是在對方不願償還，或者無力償還時發生的，討債就成了落井下石，是破壞感情，是無情無義，對方即使嘴上不說，心裡也會冒出一句——「想當初……」

私人之間的借貸關係之所以能夠成立，就因為雙方當初有著千絲萬縷的聯繫，這些千絲萬縷一旦變質就成了羅網，讓妳陷在當中動彈不得。一旦債到了非討不可的地步，感情就成了一具殭屍，不僅沒有實在的溫暖，而且恐怖、難看，甚至可能反手一抓把妳掐死。

錢是個傷感情的東西，朋友之間礙於情面借了錢以後，不好意思向人家催款；有的借款人不守信用，向妳借錢時講盡好話，承諾什麼時候能還，而一旦把錢借到手後，便推託種種理由，軟磨硬拖，即使有了錢也不願歸還借款，能拖則拖。

莎士比亞有句名言——「不要把錢借給別人，借出會使你人財兩空；也不要向別人借錢，借進來會使你忘了勤儉。」

妳可以用其他友善的方式接濟妳的朋友，但不要借錢給他。借錢給他人就是付錢為自己買了一個敵人。

在生活中，人總會遇到各種各樣的經濟困難，而借錢也是難免會發生的事。借錢一般有幾種情況，其一是緊急支出，如家中發生事情，這種情況可以用儲蓄來支付。其二是買價值較高的東西，如車子、房子或土地等，先付一部分款項，剩下的部分再貸款。借貸之前，應先了解自己的財務狀況是否已亮紅燈。首先，檢查自己是否有過度消費。其次，檢查自己有沒有借新債還舊債的習慣。

如果有以上的情況，妳就必須先調整好財務。比如，兼職增加收入，在衣食住行或娛樂開支上節省消費，先渡過這段「經濟危機」，確信自己有還款能力的時候，再談融資比較恰當。

「有借有還，再借不難」，任何借款一定要在約定的期限內還清，否則妳的信譽將會降低，造成再次借貸的困難。

如果別人跟妳借錢，該怎樣拒絕她呢？

1．直接分析法

直接向對方陳述拒絕對方的客觀理由，包括自己的狀況不允許、家庭條件限制等。通常這些狀況是對方也能認同的，因此較能理解妳的苦衷，自然會自動放棄說服妳，並覺得妳不是不願幫忙，而是幫不了忙，也因此不會怪妳。

2．巧妙轉移法

不好正面拒絕時，只好採取迂迴的戰術，轉移話題也好，另有理由也行，主要是善於利用語氣的轉折——溫和而堅持——絕不會答應，但也不致撕破臉。比如，先向對方表示同情，並理解對方要借錢的苦衷，然後再提出自己的理由，加以拒絕。由於先前對方在心理上已因為妳的同情使兩人的距離拉近，所以對於妳的拒絕，也較能以「可以體會」的態度接受。

3・不用開口法

有時開口拒絕對方也不是件容易的事，往往在心中演練N次該怎麼說，一旦面對對方又下不了決心，總是無法啟齒。這個時候，肢體語言就派上用場了。一般而言，搖頭代表否定，別人一看妳搖頭，就會明白妳的意思，之後妳就不用再多說了。另外，微笑中斷也是一種肢體的暗示，當面帶笑容的談話，突然中斷了笑容，便暗示著無法認同和拒絕。類似的肢體語言包括：採取身體傾斜的姿勢、目光游移不定、頻頻看錶、心不在焉……但切忌傷了對方的自尊心。

4・延遲拒絕法

如果已經承諾的事，還一拖再拖是不智的，這裡的一拖再拖法，指的是不馬上給予答覆，也就是說，當對方提出要求時妳遲遲沒有答應，只是一再表示要研究研究或考慮考慮，那麼聰明的對方馬上就能了解妳是不太願意答應的。其實，有能力幫助他人不是一件壞事，當別人拜託妳為他分擔困難的時候，表示他對妳的信任，

只是自己由於某些理由無法相助罷了。但無論如何，仍要以謙虛的態度，別急著拒絕對方，仔細聽完對方的要求後，如果真的沒法幫忙，也要在第二天，馬上向對方說一聲——「非常抱歉」、「幫不上忙」等等，不能拖太久，才不會讓人眼巴巴地指望著妳。

4．借錢容易還錢難，不要輕易借錢

「不到萬不得已，不要輕易向人借錢，也不要輕易借錢給別人。」這句話不太中聽，卻是一句大實話。向人借錢，容易被人看貶，引人疑慮，讓人為難，不到萬不得已，實在沒有必要。而借錢給人，也是件隱患極大的事。

女人在購物的時候意志力非常低，常常是看中了一件衣服，但是錢不夠，可是又非常想要，怎麼辦？先借別人的錢買，等有了錢再還給人家。這是一個很不好的消費習慣，這樣別人還會瞧不起妳，沒錢還買，這樣就降低了自己在朋友心目中的形象。

其實，借錢本身並不可怕，銀行就是個專門借錢的地方，銀行放貸就等於是借錢給人，到時候不僅要收回本錢，還要加上利息，銀行就是靠這個賺錢的。正因為銀行是個專門借錢的機構，所以它有一整套專業的辦法，放貸之前要考察妳的個人信用，還一定要有擔保、抵押，跑得了和尚跑不了廟，哪怕妳最後還不起錢了，銀行也不至於虧本。

但私人之間借錢就不一樣了，憑的全是交情，既沒有可行性的論證，又沒有法律認可的抵押或擔保，有的甚至連借條都沒有一張，胸脯一拍，就搞定了。痛快是痛快，但事後若有麻煩，那麻煩就不是一般的大了。

說句良心話，借錢不還的人，也並非都是惡意賴賬。能夠向妳開口借錢，妳也能夠放心地把錢借給他，這樣的關係，多半也不是一般的關係，要麼沾親帶故，要麼有利益上的牽連，要麼就是有特別讓妳感動或者信賴之處，不然妳怎麼可能把錢拿出來？妳能拿出來，至少在當時，妳一定是相信能夠收回來的。

但是後來為什麼變了呢？往往借錢的時候他是孫子，還錢的時候，妳成孫子了。就因為妳不是專業放債的人。妳不專業，妳就要犯錯誤。

妳不專業，妳就把感情當成了抵押，以為有了這些感情，還錢就有了保證。殊不知，錢是有價的，感情是無價的。無價的東西，說值錢它就值錢，說不值錢它就一錢不值。所以，感情是世上最重的東西，也是世上最輕的東西，妳把實實在在的銀子置於這樣一個虛無的東西上，本身風險就極大。

小萍有個朋友失業了，本來存款就不多，常常是月光族，朋友向她借錢，她毫不猶豫地把錢借給了自己的朋友，朋友說一個月後還妳，當時小萍身上的錢也不多，心想：自己再沒錢好歹比她失業沒飯吃強。結果半年過去了，這個朋友一直沒還錢，聽說對方到現在仍然找不到工作，結果小萍有一次要付房租的時，錢不夠只好換她向別人借的，都是朋友妳也不好開口管人家要啊！小萍有苦說不出啊！

借錢給人，最大的危險不是失去錢，而是幫自己塑造了一個反目成仇的機會，很可能不但失去了友情，還把人給得罪了。

楊絳在回憶錢鍾書的文章裡說：錢先生從來不借錢給人，凡有人借錢，一律打對折奉送。借一萬，就給妳五千，再加上一句——「不用還了。」錢先生的睿智通達，真是驚人。

第8章

要爭做「卡主」，不做「卡奴」

許多人往往無法控制住當下購物的欲望，結果一發不可收拾。更何況刷卡並非給鈔票，並沒有付錢的感覺，很多女性朋友很容易就刷刷刷地過度消費或超額使用，從先享受後付款變成先享受後痛苦。帳單來時無法全數付清，就得動用循環信用，支付未付清的賬款產生的利息，利息再滾進賬款，也影響了個人的信用。

1．做好信用卡管理，消費才不吃虧

信用卡雖然讓妳我的消費更方便，但是，每一位女性朋友都應該思考——「自己真的適合使用這種塑膠貨幣嗎？」除非自己真能做好信用卡管理，如此消費起來才不會吃虧。

小菲是一位快樂的單身女郎，但是，毫無節制地消費，卻是她最大的財務致命傷。每個月她都辛勤地工作，但是一下班看到喜歡的東西就刷，刷完以後的對帳單據不是隨便亂扔，就是揉成一團放在皮包裡，然後隔天換個皮包出門

就忘記。所以每個月她都不記得自己到底刷了多少錢；刷的時候很開心，可是等到信用卡帳單一來，整個戶頭剩下的錢就全部繳械了。

妳是不是拿到信用卡帳單的時候，常常想不起自己何時消費了那麼多的金額？還是在刷完信用卡之後，隨手就把簽過名的收據丟棄呢？現代女性朋友使用信用卡，要先做好支出管理，因為，「理債」比「理財」還重要。

刷完信用卡後，要將當月的收據整理好，這樣不但隨時可以對賬，還可以隨時提醒自己知道——「已經刷了多少錢的債務」。若是妳刷了信用卡，然後在下一次繳款期限前繳清支出，信用卡絕對會是一種方便的理財工具。如果只是因為錢不夠用，就把信用卡當成是提款卡，那麼，馬上就會一腳踏入負債的漩渦當中。

2．減少持卡的張數

劉汶翰，他個人總共有142張信用卡，全部摞在一起，足足有將近二十公分厚。更離譜的是，劉汶翰曾經積欠信用卡債務100多萬，現在卻是一位理財顧問。當談到自己有那麼多張卡時，他說：「當卡片排出來這麼多的時候，我也覺得實在是太離譜了！」

還好，這位聰明的劉汶翰不僅在後來的幾年內還清了自己的債務，並且還把這段故事寫成了書，賺了不少版稅與名氣。妳有多少張信用卡呢？其實，很多女性朋友不是沒錢投資，只是沒有控制住欲望，而讓辛苦賺來的錢輕易地從指縫間流失了。少用信用卡消費，減少循環利息的支出，一個月省下三、五千元絕對不難，就看妳是不是能夠控制住欲望，少刷一次卡，就可以增加一次投資的機會，可投資的金額也會不斷地提高。

減少沒有必要的持卡張數，可以讓自己減少胡亂消費的機率，也可以增加自己理財記賬的效率。同時，將自己的花費集中在數張信用卡上，也有集中管理支出的好處，了解自己的收入及支出形態，是有效理財的第一步。

3．巧用信用卡的幾種方法

很多女性朋友感覺信用卡在自己的日常生活中很有用。一卡在手，行遍天下。妳就不用為買東西而身揣大量現金出門了。如果妳要在餐館請一群客人吃飯，也用不著事先算計要取出多少錢用。買機票時，妳只需打一個電話，報上信用卡號，就可以搞定了。當妳去國外旅行時，不再需要操心該換多少外匯，因為多數付款都可以通過信用卡完成。此外，很多網站都允許妳使用信用卡線上訂購各種產品。

簡單一句話：信用卡為妳省了許多時間，減少了許多麻煩。它們還可能為妳帶來其他一些好處，比如旅行時的優待服務和買東西時的折扣。

女性朋友經常說：愛信用卡，是因為它使用方便，並提供增值服務；恨信用卡，是因為它的不可控性常常帶來惡性負債，使自己每月都要支付高額的利息。如果妳在日常使用信用卡時，只是把它單純地當成刷卡和投資消費工具的話，那麼，真的就是太「委屈」它們了。信用卡的使用，重在一個巧字。巧用信用卡，將其變成個人理財的工具之一，不僅可以享受諸多的便捷，還可以幫忙省錢以及享受銀行為持卡人提供的增值服務。巧用信用卡，學會用明天的錢改善今天的生活。

巧用信用卡，不妨嘗試從以下幾個方面開始——

1．多刷卡可以免年費

發卡銀行發行信用卡每年所收取的年費，常常令辦卡人覺得是一筆過高的額外開銷。這樣看來辦信用卡似乎並不划算。然而，在目前國內的信用卡市場，各大銀行都有推出一年中刷卡若干次，即可免年費的優惠政策。這樣說來，其實，在國內，信用卡的擁有和使用基本上是免費的。

2．學會計算和使用免息期

使用信用卡一般都可以享受50～60天的免息期（各銀行有所不同），這也正是信用卡最吸引人的地方。免息期是指貸款日（也就是銀行記賬日）至到期還款日之間的時間。因為持卡人刷卡消費的時間有先後順序，因此享受的免息期也是有長有

短的，而我們上面說到的50～60天的免息期，則是指最長的免息時間。舉個簡單的例子，比如妳的一張信用卡的銀行結賬日是每月的20號，到期還款日是每月的15號。那麼，如果妳在本月20號的刷卡消費，到下月15號還款，就是享有了25天的免息期；但如果妳是本月21日刷卡消費，那麼就是到再下一個月的15日還款，也就是享受了55天的免息期。而在這55天的時間裡，妳就在享受著無息貸款。

3．盡情享受信用卡的增值服務

目前國內的信用卡十分競爭，各大銀行紛紛出奇招攬信用卡用戶。對於銀行的各類促銷手段，持卡人可以善加利用，盡情享受。銀行的信用卡促銷活動，是沒有單獨的通知的，都是隨每月的對帳單一起寄到持卡人手中。收到對帳單的信件後，不要急於丟掉，花幾分鐘的時間仔細閱讀一下相關的內容。也可以登錄自己所持有的信用卡的銀行網站，更全面地了解自己所持的信用卡，可以在哪些商戶享受特殊優惠。

總體說來，目前的信用卡促銷手段包括積分換禮、協約商家享受特殊折扣、刷卡抽獎、連續刷卡送大禮、商家聯名卡特殊優惠等等。應該說，使用信用卡比用現金更經濟、更優惠，持卡消費1元絕對比用現金消費1元得到的價值多。

4．信用卡是商旅好幫手

經常出差或是喜歡出去旅遊的人，會對信用卡更為鍾愛。習慣用信用卡通過各大旅行社來訂機票，手續簡便而且可以享受免息的優惠。更多的，也避免了攜帶大量現金出行的麻煩。此外，信用卡在異地刷卡使用有些是免手續費的。在日本、香港機場還可以刷台幣，免去匯差支出。

4．聰明女人如何巧用信用卡

女人有天生的購物衝動，很多女性辦理了信用卡之後，常常會導致很多無謂的開銷，信用卡的誕生和透支額度的不斷增加，造就了一批又一批的超女「骨灰級」購物狂。其實只要能夠更理性地消費，使用信用卡就可以幫助女性做好合理的消費

規劃，提高女性的信用卡理財能力，幫助她們早日走向財務自由。

很多銀行針對女性的消費特點，推出了女性專屬的信用卡，在卡功能上做出獨特的設計，滿足了女性的消費需求。在購物消費時可以享受到不少女性專用品牌的優惠、多倍積點等服務，女性可以利用這些信用卡為自己精打細算。

1．利用信用卡記賬

每個月銀行寄給持卡人的信用卡帳單，除了提醒持卡人還錢的金額之外，其實還詳細記錄了持卡人的消費賬目，在何處購買了何樣商品及服務，帳單上面一目瞭然。女性可以利用信用卡帳單進行記賬，對照帳單總結出一個月的總支出，並且一一核對檢驗。同時女性還需要對每月的消費做一個思考，看帳單上的哪些支出是必須的，哪些消費屬於典型的「衝動作祟」，應該避免。這樣可以提前對下個月的消費數額和消費專案進行提前規劃，減少不必要的開支。

2・充分利用信用卡積點

有人說信用卡積點是雞肋，很多女性持卡人並不重視。其實銀行信用卡積點除了能夠兌換禮品之外，各個銀行為爭奪客戶資源和鼓勵持卡人多刷卡消費，開拓了許多信用卡積點的使用範圍或直接高額贈送禮品。如不少信用卡積點可以兌換成航空里程、加油等。除此之外，銀行也經常與商場聯手進行「刷卡回饋現金」的活動，相當於憑空多出一部分現金重複使用，創造雙倍的價值。平時愛刷卡的女性，一定要注意多參加積分獎勵和回饋活動，為日常生活精打細算。

3・充分利用聯名卡

信用卡聯名卡不僅具備了普通信用卡的功能，還具有該聯名企業的會員卡功能，持卡在這些商場、品牌消費，都能夠享受到折扣和積點優惠等。女性可以根據自己的消費需求和習慣，辦理相關銀行的聯名信用卡，信用卡和會員卡合二為一，可以帶來更多的便利和實惠。

4．保證信用卡安全的基本做法

努力記住密碼，不要把它寫下來。事實上，記密碼很容易，只要你用身高體重或哪路公車的熟悉數字，就可輕易記住了。

收到信用卡後儘快簽上字。

把信用卡號和緊急求助電話的號碼記在一個安全的地方，這樣卡片一旦被盜或遺失就可以立刻掛失。

永遠不要告訴任何人妳的密碼，就連發卡公司和政府單位的人也不要告知，目前很多詐騙集團會假借警察、稅務機構，或法院書記官等名義進行詐騙。

不要讓別人拿到妳的卡，刷卡時，卡不離開眼線。

保留所有的消費交易紀錄，和ＡＴＭ機提款收據。

遺失卡片（即使是妳忘了放在家裡的某處），馬上掛失，叫銀行重發一張。

如果需要扔掉對帳單或收據，記得把它們撕碎或燒掉，以免別人看到上面的具體資訊。

每月對帳單如果在固定時間內沒有收到，就要主動和發卡公司聯繫，以免延誤付款日，造成信用上的不良紀錄。

5．養成每月整理對帳單的習慣

陽陽在國外讀書的時候，每個月總有一天早上她會大聲尖叫，原來她收到了自己的信用卡帳單：「怎麼會有這麼多？怎麼會有這麼多？」

每個月收到帳單的時候，要留下來做整理，因為帳單會列出消費明細，妳可憑此分析自己的消費形態，檢討自己是否有多餘的浪費。如果妳已經無法全額付清妳的信用卡債務，就表示妳的花費需要有節制。

養成整理對帳單的習慣，可以幫助自己在發現收入不足以負擔開支時，就要縮減消費的欲望，按照需求的重要性來排序。絕對不要貪圖一時的滿足，等到信用卡帳單一來，才開始懊惱不已。有計畫地消費，不但可以因此而得到滿足感，更可以

證明自己能持之以恆地儲蓄而獲得成就感。擺脫「月光族」的命運，才能為未來的人生計畫，如買房子、投資或結婚等做準備。

信用卡的對帳單其實總是透露出非常多的資訊，比如刷卡支出的狀況、最低應繳金額的多寡、點數的累積、獎品的兌換等等。養成每月整理對帳單的習慣，可以在對帳單中得知個人的消費紀錄，就算是使用電子帳單，也應該保存對帳單的檔，方便隨時調出來查閱。

聰明的女性持卡人如果懂得避免年費的支出，並且還能夠充分了解銀行「紅利積點」的方式，那麼，信用卡不但會為妳帶來理財的方便，還能因為妳的使用而讓妳「享受」到一些福利呢！

另外要特別提醒您：千萬別辦「現金卡」，辦這種卡就等於是擁有一張「負債卡」了，後果會相當嚴重！

第9章

家庭理財知多少？

理財，在企業層面，就是財務，在家庭層面，就是持家過日子或管家。似乎自古以來家庭理財都是女人的專職，但在現代社會，理財是每個人都必須學會的生存技能之一。理財決定著家庭的興衰，維繫著一家老小的生活和幸福，尤其對於已成家的工薪階層來說，更是一門重要的必修課。

1．家庭理財步驟

資訊時代，假設大家都懂得電腦和網路的基礎應用，最好都能懂得EXCEL軟體的簡單使用。理財步驟是以家庭為單位的，女性朋友可以參照其原理來實施。

1．家庭財產統計

家庭財產統計，主要是統計一些實物財產，如房產、家居電器、電腦設備、車子等，可以只統計數量，如果當初購買時的原始單據仍在，可以將它們蒐集在一起，妥善保存，尤其是一些重要的單證，建議永久保存。

這一步主要是為了更好地管理家庭財產，一定要做到對自己的財產心中有數，以後方能「開源節流」。

2・家庭收入統計

收入包括每月的各種純現金收入，如薪資淨額、租金、其他收入等，只要是現金或銀行存款，都計算在內，並詳細分類。一切不能帶來現金或銀行存款的潛在收益，都不能計算在內，而應該歸入——「家庭財產統計」內。如未來的養老保險金，只有在實際領取時才列入收入。這雖然不太符合會計方法，但對於家庭來說，現金和銀行存款才是每月實際可用的錢。

3・家庭支出統計

這一步是理財的重中之重，也是最複雜的一步，為了讓理財變得輕鬆、簡單，建議使用EXCEL軟體來代勞。以下每大類都應細分，使得每分錢都知道流向了何處，每天記錄，每月匯總並與預算比較，多則為超支，少則為節約。節約的可依次遞延至下月，盡可能地避免超支，非在特殊情況下，絕對不增加預算。

固定性支出。只要是每月固定不變的支出就詳細分類記錄，如房租或分期付款或貸款、各種固定金額的月租費、各種保險費支出等。種類可能很多，手工記錄非常繁瑣，而用電腦來記錄就非常簡單。

一、**必需性支出**　水、電、瓦斯、電話、交通、汽油等每月不可省的支出。

二、**生活費支出**　主要記錄油、米、菜、鹽等伙食費，以及水果、飲料以及日常必需的用品等等。

三、**教育支出**　自己和家人的教育學習類支出。

四、**疾病醫療支出**　無論有無保險，都按當時支付的現金紀錄，等保險費報銷後再計入到月的收入欄。

五、**其他各項支出**　每個家庭情況不同，難以盡述，但原理大家一看便知，其實就是流水賬，但一定要記住將這個流水賬記得詳細、清楚，讓每一分錢都花得明明白白，只要堅持做半年，必能養成「量入為出」的好習慣。使用EXCEL軟體來做這個工作，每天頂多只需幾分鐘，非常簡單方便。

4．製定生活支出預算

參考第一個月的支出明細表，來製定生活支出預算，建議盡可能地放寬一些支出，比如伙食費、營養費支出一定要多放寬些。理財的目的不是控制消費，不是為了吝嗇，而是要讓錢花得實在、花得明白、花得合理，所以在預算中可以單列一個「不確定性支出」，每月固定幾百元，用不完就遞延，用完了就向下月透支。目的是為了讓生活寬鬆，又不至於養成大手大腳的壞習慣。今天這個時代，就算妳月薪10萬，如果妳大手大腳，一天也能花光。所以不知掙錢苦，就不知理財貴。

5．理財和投資帳戶分設

每月收入到賬時，立即將每月預算支出的現金，單獨存放進一個活期儲蓄帳戶中，這個理財帳戶的資金，絕不可以用來進行任何投資。

每月的收入減去預算支出，即等於可以進行投資的資金。建議在做預算時，要盡可能地放寬，一些集中於某月支付的大額支出應提前數月列入預算中，如：6月份必須支付一筆數額較大的錢（像是保險費），則應在1月份就列入預算中，並從收入中提前扣除，存入理財帳戶，通常情況下不得用來進行任何投資，除非是短期定存或貨幣型基金。

經過慎重的考慮之後，剩下的資金才可以存入投資帳戶，投資帳戶可分為以下幾種：銀行定期存款帳戶、銀行公債帳戶、保險投資帳戶、證券投資帳戶等。銀行定存和銀行公債是目前工薪階層的主要投資管道，這主要是因為大多數人對金融產品所知甚少，資訊閉塞造成了無處可投資、無處敢投資。保險投資雖然非常重要，但一般的工薪階層也缺乏分辨能力。

證券，是個廣泛的概念，不能一提到證券，就只想到股票這個高風險的投資品種，從而將自己拒之於證券市場的大門之外，要知道證券還包括債券和基金。

2．警惕家庭理財的三大「疏忽」

家庭理財講究保守，許多人只知道銀行這種理財方向。對於大多數家庭來說，

他們最需要的是補充自己的理財知識。下面這些問題經常被許多家庭忽視。

疏忽之一：不提折舊

實際上，家庭固定資產包括的東西相當多，除了家具、家電外，還包括房產（必須有所有權）和裝修。我們知道，一套房屋的裝修成本也是很高的，剛裝修好時，樣子很不錯，可隨著時間的流逝，房屋的裝修也會變得陳舊起來。通常，旅館的裝修是按照10年折舊的，作為家庭，我們也可以以此作為參考。如果一套房屋的裝修費用是100萬元的話，每年的折舊費就是10萬元，這筆開銷雖然不牽扯到現金流出，可也不是一筆小開支。

疏忽之二：每月還款當成本

對於多數購房者來說，還是需要銀行貸款做支援的，這樣每月就會有一筆分期還款。通常這筆錢被記入了成本，每月的收入中很大一塊都是還分期的錢。但這樣處理是不夠科學的，我們可以這樣來分析，建商在收到頭期款和銀行貸款後，已經全額收到了房款，這和我們一次性付款沒有什麼區別。

房產到手後，就變成了固定資產，而固定資產是要提取折舊的，上面已經說過了。在我們的分期還款中，包含兩部分，一部分是本金，另一部分是利息。本金已經體現在固定資產中了，因此，不能再作為成本了，而利息則應該算作財務費用。由於利息是按月遞減的，折舊每個月是相同的，因此，在開始的幾年，費用和成本是比較高的，到後期會相對地減少。

疏忽之三：房價上漲，差價入賬

我們經常聽到周圍的人在說，去年買了一套房，今年升值了多少多少。實際上，只要房子沒出手，升得再多也是不能入賬的。

這也是人們最容易產生誤解的地方。這幾年北部的房價漲勢喜人，給人的一種感覺是房價只會升，不會降。其實，得出這樣的結論是不正確的。因此，根據會計學的審慎性原則，我們是不能把房價的上漲算到收益裡面去的。相反，如果遇到房價下跌，市價低於我們的成本價，我們還必須有提取固定資產減值的準備。

3．婚後夫妻理財法則

財務問題成為糾纏許多人婚後生活的一個重大的問題。夫妻雙方都有保證對方財務狀況的義務。女性朋友要多學習理財的相關知識，科學分配自己的財富，讓婚後的生活更加愜意。對財務的合理規劃，乃是婚姻走向成熟的第一步。

通常來講，由於價值觀和消費習慣上存在著差異，在生活中，每一對夫妻都會發現，在「我的就是妳的」和保持個人的私人空間之間，會存在一些矛盾和摩擦。如果夫妻中的一個非常的節儉，而另一個卻大手大腳、揮金如土，那麼，要想真正做到「我的就是妳的」就非常困難，相互間的矛盾，也就可想而知了。

雖然有很多的新婚夫妻因為財務問題處理不善，鬧得吵吵嚷嚷、麻煩不斷；但也有的小倆口在面對這個問題時保持了必要的冷靜，經過磨合，掌握了一些很好的法則，從而使自己的婚後生活達到了一種完美的和諧。

這些法則包括下面幾個方面——

1．建立一個家庭基金

任何夫妻都應該意識到建立家庭就會有一些日常支出，例如每月的房租、水電、瓦斯、保險單、食品雜貨帳單，和任何與孩子或寵物有關的開銷等，這些應該由公共的存款帳號支付。根據夫妻倆收入的多少，每個人都應該拿出一定的數字存入這個公共的帳戶。為了使這個公共基金良好運行，還必須有一些固定的安排，這樣夫妻倆就可能有規律地充實基金並合理使用它。妳對這個共同的帳戶的敬意，反映出妳對自己婚姻關係的敬意。

2．監控家庭財政支出

買一個比如由電腦公司製作的財務管理軟體，它將使妳們很容易地就可以了解錢的去向。通常，夫妻中的一人將作為家中的財務主管，掌管家裡的開銷，因為她或他相對有更多的空餘時間或更願意承擔這項工作。但是，這並不意味著，另一個人對家裡的財務狀況一無所知，也不能過問。

理財專家黛博拉博士建議可以由一個人付賬單，而另一個人每月一次核對家庭的賬目，平衡家庭的收支，這樣做能使兩個人有在家裡處於平等經濟地位的感覺。另外，那些有經驗的夫妻往往每月會坐下來談一談，進行一次小結，商量一些消費的調整情況，比如消減額外開支，或者制定省錢購買大件物品的計畫等等。

3・保持獨立

現在是21世紀，獨立是遊戲的規則。許多理財顧問同意所有個人都應該有屬於自己的私人帳戶，由個人獨立支配，我們可以把它看作成年人的需要。這種安排可以讓人們做自己想做的事，比如妳可以每個星期打高爾夫球，他則可以擺弄他喜歡的工具。這是避免紛爭的最好辦法，在花用妳自己可以任意支配的收入時，不會有仰人鼻息或受人牽制的感覺。

然而，要注意的是，妳仍應如實地記錄自己的消費情況，就像對其他的事情一樣，相互開誠布公。妳要把妳的另一半看做是妳的朋友，而不是敵人；要看作是想幫妳的財務顧問，而不是想打妳屁股的管家婆。

4．購買人壽保險

每個人都應該購買人壽保險，這樣，一旦有一方發生不幸，另一方就可以有一些保障，至少在財政方面是如此。妳可以投保一個易於理解的險種，並對保險計畫的詳細情況進行詳細的了解。如果在結婚前，妳已經購買了保險，要記著妳是否要變更保險的受益人為妳的另一半，因為這種指定勝過任何遺囑的效力。

5．建立退休基金

妳將活很長很長的時間，但是也許妳的配偶沒有與妳同樣長的壽命。基於這個原因，你們倆應該有自己的退休計畫，可以通過個人退休帳戶或退休金計畫的形式，使妳的配偶（或孩子）成為妳的退休基金的受益人。

6．攢私房錢

許多理財專家建議女人尤其應該儲存一筆錢，以便用它渡過妳一生中最糟糕的

時期。根據妳的承受能力，妳可以選擇告訴或者不告訴妳的配偶這筆用於防身的資金；如果妳告訴妳的配偶，妳應將它描述為使妳感到安全的應急基金，而並不是在「壓榨妳丈夫」的錢。

4．協調夫妻雙方薪水的使用

對一般的小夫妻而言，理財的關鍵在於如何融合協調兩份薪水的使用，畢竟，雙薪家庭占我們這個社會的大多數。但是，兩份薪水也意味著兩種不同的價值觀、兩種資產與負債，要協調好它絕非易事，更不輕鬆。女人在這方面要尤其注意了，不要讓它成為阻礙妳家庭幸福的絆腳石。

所謂定位問題，一般來說，是要確定夫妻分擔家庭財務的比例。一般情況下，夫妻在家庭財務上的分擔，包括以下三個類型——

1．平均分擔型

即夫妻雙方都從自己收入中提出等額的錢存入聯合帳戶，以支付日常的生活支出及各項費用。剩下的收入則可以自行決定如何使用。

這種方式的優點：夫妻共同為家庭負擔生活支出後，還有留下個人可以支配的部分——

【缺點】當其中一方的收入高於另一方時，可能會出現問題，收入較少的一方，會為了較少的可支配收入而感到不滿。

2．比率分擔型

夫妻雙方根據個人的收入情況，按收入比率提出生活必需費，剩餘部分則由雙方自由分配。

這種方式的優點：夫妻基於各人的收入能力來分擔家計——

【缺點】隨著收入或支出的增加，其中一方可能就會不滿。

3・全部彙集型

夫妻將雙方收入彙集，用以支付家庭及個人支出。

這種方式的優點：不論收入高低，兩人一律平等，收入較低的一方，不會因此而減低了彼此可支配的收入──

【缺點】從另一方面來講，這種方法容易使夫妻因支出的意見不一致，造成了分歧或爭論。

選擇最合適的分擔類型，首先要對家庭的財務情況進行認真分析，根據具體情況進行選擇。所以在確定分擔類型前，夫妻應該認真整理一份自己的家庭賬目，並從中尋找到家庭財務的特點。簡單地說：夫妻理財分收入與支出兩本賬即可，或者規定一個時期為一個週期，如一個月，或一個季度，一列收入，另一列是支出，最後收支是否平衡一目瞭然。

收入賬應記——

①基本工資：各種補貼、獎金等相對固定的收入；

②到期的存款本金和利息收入；

③親朋好友交往中如過生日、喬遷收取的禮金、紅包等；

④偶爾收入，如參加社會活動的獎勵、炒股的差價、獎學金所得等。

支出賬應記——

①除了所有生活費用的必需支出外，還包括電話費、水電費、學費、保險費、交通費等；

②購買衣物、家用電器、外出吃飯、旅遊等；

③親朋好友交往中購買的禮品和付出的禮金等；

④存款、購買公債、股票的支出。

5．理財的10％法則

進行理財計畫時，很多女性朋友常表示不知如何準備各種理財目標所需的資金。「10％法則」是指把收入的10％存下來進行投資，積少成多，集腋成裘，將來就有足夠的資金可應付理財需求了。

例如，每個月有五萬元的收入，那麼每月挪出五千元存下來或投資，一年可存六萬元；或者，妳已經結婚，夫妻都有收入，每月合計有十萬元的收入，那麼一年就可以有十二萬元進行儲蓄或投資。每個月都能撥10％投資，再加上我們以前介紹的複利原則，經年累月下來，的確可以儲備不少的資金。如果再隨著年資增加而薪資也跟著調高，累積資金的速度還會更快。

只是常有人表示，偶爾省下收入的10％存下來是有可能的，但要每個月都如此持續數年可不容易。往往是到下次發薪時，手邊的錢已所剩無幾，有時甚至是入不敷出，要透支以往的儲蓄。會覺得存錢不易的人，通常也不太清楚自己怎麼花掉了手邊的錢，無法掌握金錢的流向；有錢存下來，一般都是用剩的錢，屬於先花再存的用錢類型。

這類人若想存錢就必須改變用錢習慣，利用先存再花的原則強迫自己存錢。要做到如此，可以利用記賬幫忙達成。也就是說，買本記賬簿冊，按收入、支出、項目、金額和總計等項目，將平時的開銷記下來，不僅可以知道各種用度的流向及金額大小，並且可以當做以後消費的參考。

記賬記個一年半載，再把各類開銷分門別類，就可以知道花費在衣、食、住、行、娛樂等各方面，和其他不固定支出的錢有多少，並進一步區分出需要及想要，以便據以進行檢討與調整。

需要及想要是常提到的消費分類，例如買件幾百塊的襯衫是上班所需要，買件數萬元的外套是只能在親友的結婚典禮上亮相，平常派不上用場；一個午餐一百元是需要，但午餐以四、五百的牛排來滿足口腹是想要。透過記賬區分出需要與想要後，日後盡可能壓縮想要的開支，妳會發現真的有一些多出來的錢可以存下來，而且可能還不只是收入的10％。每個月撥出收入的10％存下來只是個原則，能多則

多，實在不行，少於10％也無妨；重要的是確實掌握收支，盡可能存錢。

為了幫助自己做到10％法則，可以利用定期定額投資法，持之以恆地累積資金。定期定額是指每隔一段固定時間以固定金額（例如五千元）投資某選定的投資工具，根據複利原則，長期下來就可以累積相當可觀的財富。

這對於結婚的女性朋友來說，是個很不錯的理財方法，可以嘗試一下。

6．低收入家庭投資理財方略

玲玲今年24歲，由於剛結婚，花費了不少錢辦婚禮，她的丈夫是職業軍人，所以開銷比較小。他們的現有資產是銀行存款，約有一百五十萬元。他們的計畫是買一個小套房，想先租出去幾年，等收入提高了可以要孩子的時候，再簡單裝修一下自用。她的問題是：什麼時候買房子，貸款利息和收回來的租金比哪個更合算一些。

另外，像他們這樣中低收入的年輕人，什麼樣的投資會有比較保險一些的收益。玲玲的希望是「不求利潤最大化，只是希望能安全一些。」

理財師給出如下建議——

1．逃避風險不如適當承擔風險

家庭理財可依據自身風險的承擔能力，適當主動承擔風險，以取得較高的收益。例如醫療等項費用的漲價速度，遠高於存款的增值速度。要想將來獲得完備的醫療服務，現在就必須追求更高的投資收益，因而也必須承擔更大的投資風險。一味地回避風險，將使自己的資產大大貶值，根本實現不了穩健保值的初衷。一段時間以來，借股市行情不好的機會，很多債券基金都熱炒自己的「安全」概念。可曾經債市和債券基金的一度大跌，說明了安全的投資，其實是不存在的。相反，重點通過股票基金長期系統地投資股市，將是普通百姓積累財富的大好機會。

2．購房宜暫緩，中古房是首選

從玲玲的實際情況看也是這樣，一方面積蓄不多，雖然買個房租出去，租金很有可能彌補房子的貸款，但打光了彈藥，實在是風險太大。「財不入急門」，投資的機會今後還很多。如欲購房，對於玲玲這類積蓄不多的新白領，不妨先買中古屋並建議玲玲使用最高成數，和最長期限的銀行組合貸款。留下資金可以消費以提高生活品質，或投資以賺取更多利潤。

3．多種投資都可嘗試

如果想在幾年後買房，可轉換債券是個好的投資方向。這種債券平時有利息收入，在有差價的時候還可以通過轉換為股票來賺大錢。投資這種債券，既不會因為損失本金而影響家庭購房的重大安排，又有賺取高額回報的可能，是一種「進可攻，退可守」的投資方式。

另外，玲玲不妨也在股市中投些錢。雖然短期炒作股票的風險很大，但一般投資的歷史卻證明，長期科學投資股市是積累財富的最好方式，是一般人分享國民經濟增長的方便管道。特別是股市行情不好的時候，正是「人棄我取」撿便宜貨的大好機會。當然，像玲玲這樣的非專業投資者，最宜通過基金來參與股票市場了。

4．年輕人也需要保障類保險

考慮到玲玲的老公是職業軍人，保障很好，故只建議玲玲自己買些意外傷害和健康保險。「人有旦夕禍福」，保險既是幸福生活的保障，又是一切理財的基礎。

另外，對於有些女性朋友而言，收入低也要有自己的理財方法。不能因為錢少而忽視理財，而是更應該找到適合自己的理財方法，選擇最優的投資方略，讓自己手中的資本發揮最大的效應，從而為自己以後的生活提供優厚的保障。

第10章

職場女性，如何做個平衡的女人

有些現代女性較為自立，希望擁有完美的事業、獨立的經濟和生活空間，可事實上，家庭生活的幸福對她們來說也非常重要，而各方面的壓力，使得半數以上的女性，感到難以處理家庭與事業間的矛盾。

1．合理分配時間和精力，工作家庭兩不誤

畢竟，人的精力和時間都是有限的，應該在不同場合或不同階段對特定的角色有所偏重，還是將方方面面的因素都盡可能考慮在內，努力均衡重心並隨時轉換角色？對於女性來說，在不算長的優勢年齡段中掌握好這個「度」非常關鍵。來看看成功女性是怎麼做到的吧？

孫秀芳，IT女傑，曾在加拿大ＩＢＭ公司工作六年，香港ＩＢＭ公司工作八年，做到ＩＢＭ大中國區軟體部市場及運作總監。後為留在北京，放棄了回ＩＢＭ亞太區總部的機會，跳槽到康柏公司，從軟體專案業務總監做到大中國

區整合市場行銷。

剛到康柏的時候孫秀芳並不太適應。在她眼裡，IBM的企業文化非常細膩規範，如同「潤物細無聲」一般浸入人心。如果把IBM比喻成穩重成熟經驗豐富的中年人，那麼，相比之下，康柏公司更像是一個朝氣蓬勃血氣方剛的年輕人。沒有成規，只求創新。巨大的文化差異，使初進康柏公司的孫秀芳感到手足無措，不知道該從哪裡著手，這是在IBM工作時，從沒有過的體驗。

不過她選擇了留下來，適應康柏的文化。她說：「我是個適應力很強的人，能做到這一點取決於我的心態。今天我下榻在五星級賓館，明天我也可以住小招待所，這都無所謂。這是個變化很快的世界，尤其在IT業，我經常提醒自己，面對所有的變化都要坦然處之。」

正是她的自信以及良好的心態，使得她在「人生地不熟」、手下只有幾個兵的「劣勢」下，從容地完成了康柏交給她的第一個任務——康柏與中國最大的軟體企業之一，中軟總公司共同合作開發了中國第一個具有自主知識產權的高端企業級作業系統COSIX 64專案。

這一軟體的成功開發在一九九九年多事的IT界激起了不小的回響。業界媒體在報導及評論這一消息時，大量使用了「真正自主版權」「開創國產高端作業系統新紀元」等鼓舞人心的用語。同時它也增強了康柏總部在中國加大投資的信心，而孫秀芳本人也因此贏得了康柏總部對她的器重。

事業的成功並沒有讓她失去家庭的幸福，孫秀芳認為，作為一名女職業經理人必須懂得家庭和工作之間的矛盾，否則就有可能因此而失去家庭的溫暖。她的下屬都羨慕她有個幸福美滿的家庭，但他們其實並不了解，做一個賢妻良母，她也是付出了巨大的努力的。

一九九六年，ＩＢＭ要提升她到一個關鍵的崗位，但是她剛剛生完孩子，為了更好地照顧孩子，盡到做母親的責任，她選擇了放棄晉升。而且為了不影響正常的工作，她通常都是在晚上把孩子哄睡了之後再趕到公司把工作處理完。曾是孫秀芳下屬的ＩＢＭ軟體部王靜還記得，當時她發給大家的E-mail的時間，都是在夜深以後。

不過，隨著職位的提高，她在家庭和事業之間平衡的技巧越來越嫻熟。說

起這些她幾乎有點眉飛色舞起來，「有空的時候，我還喜歡動手做女工呢！」孫秀芳笑著說，在加拿大多倫多求學時，由於沒錢買窗簾，她就自己動手做，所以到現在她還喜歡為孩子縫製衣服，教有興趣的同事做髮夾等小裝飾品。

她是一名IT精英，有著自己的事業，要努力打拼。同時她也是一名女人，需要照顧孩子，照顧家庭，但是她並沒有因此手忙腳亂失去平衡。所以她取得了所有職業女性都羨慕的成績，家庭和事業兩不誤。

現實生活中，一些職業女性，要面對工作和家庭的雙重壓力，她們覺得平衡家庭和工作之間的關係，簡直比走鋼絲還難，搖搖晃晃，甚至走得膽戰心驚，還免不了「失腳」的結局。這裡，給妳幾個保持平衡的小竅門——

一、**注意那些給妳帶來壓力的事情，並儘量把它們減到最小**——減壓的方式有很多，比如練瑜伽、聽音樂等。

二、**不一定要答應每一件事情，要學會說「不」**——妳只應該做最重要的事情，該放棄的時候，要知輕重，當妳30歲時，在生孩子和工作之間，選擇生孩子。

三、在頭天晚上就計畫好第二天所要做的一切——不要等到第二天還分不出事情的輕重緩急，誤了事情，會讓妳的情緒變得很糟糕，而帶著糟糕的情緒工作是沒有效率的。

四、在孩子起床之前，先打點好自己的一切——否則在孩子醒來哭鬧的時候，妳還在為自己穿什麼衣服而犯愁呢？結果只會讓妳更加手忙腳亂。

五、找時間玩玩，放鬆一下自己——妳不僅應該工作，還需要休息。會休息的人才會工作嘛！

六、家務活分配給所有的人——即使是年齡小點的孩子也能做點什麼，不要任何事情都親力親為，這會讓妳因為疲勞而精神不佳。

七、經常和丈夫保持溝通——一定要取得他的支持和理解，這是維持家庭和睦的關鍵因素。

八、夫妻倆一起每個月至少出去一次——僱人照顧孩子，哪怕僅僅是去郊外兜兜風，總之，一定要有和丈夫獨處的時間和空間。

九、沒有特殊情況，週末儘量不工作——因為妳不能把所有的時間都給工作，

要給家人留一些。平常不做飯的女人，最好能回歸廚房，給丈夫和孩子做一頓好吃的，讓他們感覺到妳的愛。

十、要學會在忙中偷閒——不要一忙工作就忘記了丈夫和孩子。比如，妳在公司的時候，丈夫不舒服了，妳一定要記得打電話回家問候一下。

十一、養成鍛鍊身體的好習慣——把做美容的時間勻出一點做鍛鍊，身體是革命的本錢，如果身體垮了，一切都成過眼雲煙了。

2．讓友誼成為職場佳人的成功支點

職場上如果能培養一批死黨好友，無疑將成為妳事業上的重要支點。然而職場友誼並不像普通的生活友誼那樣單純，對待職場友誼佳人們應該小心為慎。

有個故事，直接形象地描述了職場人際關係的微妙——

兩隻刺蝟，由於寒冷而擁在一起取暖。但因為各自身上都長著刺，靠得太近就會被對方扎到，離得太遠，又會冷得受不了。幾經折騰，終於找到了一個合適的距離，不會太痛，也不會太冷。

職場裡，處理與上司、同事和客戶之間的關係，其實就是找到這個「溫暖又不至於被扎」的安全距離。

那麼，應當如何處理職場友誼呢？不妨聽聽專家的以下建議——

1．融入同事的愛好之中

俗話說「趣味相投」，只有共同的愛好、興趣才能讓人走到一起。

丹丹所在的單位大部分同事都是男性，中午吃飯時的短暫休息時間，同事們往往會聚集在一起談天說地，可惜丹丹總感覺插不上嘴，起初的一段日子只能在旁邊聽。

男同事們喜歡談論的話題無非集中在體育、股票上面，於是丹丹每天都開

始「有意識」地關注體育方面的消息和新聞，遇到合適的機會甚至還和男同事們一起去看球。

「現在有了共同話題，和男同事相處容易多了。每次和他們閒聊的過程中，也會將自己在工作中的一些感受和他們進行交流，我們之間的工作友誼增進了不少！」丹丹如是說。

2．不隨意洩漏個人隱私

同事的個人祕密，當然是帶著些不可告人，或者不願讓其他人知道的隱情。同事能將自己的隱私資訊告訴妳，那說明她對妳是足夠的信任。如果她在別人嘴中聽到自己的私密被曝光，不用說，同事肯定會認為是妳出賣了她。被出賣的同事肯定會在心裡不止千遍地罵妳，並為以前付出的友誼和信任感到後悔。因此，不隨意洩漏個人隱私是鞏固職界友情的基本要求，如果連這一點都做不好，恐怕就沒有哪個同事敢和妳推心置腹了。

3．不要讓愛情「擋」道

佳佳和麗是一對無話不談的好姐妹，兩人自工作以來一直住在同一宿舍，每天一起上班、一起下班，幾乎到了形影不離的地步！一次偶然的機會，佳佳和麗接觸到一個各方面條件都很優越、長得非常帥氣的男人，她們幾乎在同一時間對這個男人產生了好感！

為了能和帥氣的男人走得更近，佳佳和麗突然像變了個人似的，她們不再形影不離，而是單獨行動；後來，兩人為了此事弄得反目成仇，多年的感情就此煙消雲散了。

顯然，愛情「擋住」了兩人的友情，從她們同時喜歡上那個帥氣的男人開始，就宣布了她們多年的情誼開始走向決裂。因此，作為職業女性的妳，最好獨自去處理自己的情感生活，在愛情還沒有成熟前，即使最親密的朋友，也不要拖著一起去約會。否則，愛情將會成為友情的「絆腳石」。

4．閒聊應保持距離

辦公之餘，同事之間閒聊是件很正常的事。而許多人，特別是男同事在閒聊時，多半是為了在同事面前炫耀自己的知識面廣，同時向其他同事傳遞這樣一個資訊，那就是：妳們熟悉的，我熟悉；妳們不熟悉的，我也熟悉！其實這些自詡什麼都知道的人，知道的也不過是皮毛而已，大家只是心照不宣罷了！

作為女性的妳，要是想滿足自己的好奇打破砂鍋地發問，對方馬上就會露餡了，閒聊的時間自然不會太長。這樣不但掃了大家的興趣，也會讓喜歡神侃的同事難堪。相信以後再閒聊的時候，同事們都會有意無意地避開妳。建議職場麗人，在任何場合下閒聊時，不求事事明白，問話適可而止，這樣同事們才會樂意接納妳。

5．遠離搬弄是非

「為什麼××總是和我作對？這傢伙真讓人煩！」、「××老是喜歡和我抬槓唱反調，不知道，我哪裡得罪他了！」……辦公室裡常常會飄出這樣的流言。要知道這些是職場中的「軟刀子」，是一種殺傷性和破壞性很強的「武器」。

這種傷害可以直接作用於人的心靈，它會讓受到傷害的人感到非常厭倦不堪。經常性地搬弄是非，會讓單位上的其他同事對妳產生一種唯恐避之不及的感覺。要是到了這種地步，相信妳在這個單位的日子也不會太好過，因為到那時已經沒有同事會把妳當一回事了。

6．低調處理內部糾紛

在長時間的工作過程中，與同事產生一些小矛盾，那是很正常的，千萬要理性處理摩擦事件。不要表現出盛氣凌人的樣子，非要和同事做個了斷、分個勝負。退一步講，就算妳有理，要是妳得理不饒人的話，同事也會對妳敬而遠之的，覺得妳是個不給同事留餘地、不給他人面子的人，以後也會時刻提防妳，這樣妳可能會失去一大批同事的支持。此外，被妳攻擊的同事，將對妳懷恨在心，這樣妳的職業生涯又會多上一個「敵人」。

7．得意之時莫張揚

每當自己工作有成績而受到上司表揚或者提升時，不少人往往會在上司沒有宣布的情況下，就在辨公室中飄飄然去四下招搖，或者故作神祕地對關係密切的同事細訴。一旦消息傳開來後，這些人肯定會招同事嫉妒，眼紅心恨，從而引來不必要的麻煩。

3．絕對不能放棄的充電提升課

在競爭激烈的職場上，一紙文憑的有效期是多久？當妳必須向別人出示妳塵封已久的證書時，是否會怯場，感到沒有底氣？在學歷飛速「貶值」的今天，找到工作就一勞永逸的體制已成為歷史，如果妳想單靠原有的文憑在職場上立足，那幾乎變不可能了。

一項調查顯示，30至40歲的職業女性中，近三成出現身心疲憊、煩躁失眠等亞健康狀態。主要表現為：對前途以及「錢」途開始擔心，擔心會被社會淘汰；對自己所從事的工作開始產生一種依戀，不再像20來歲那樣無所謂，同時又有一種危機感，甚至開始對老闆察言觀色；身體經常感到疲勞，休息也於事無補。在調查中，想轉換職業或行業，尋求一個壓力較小、相對安穩的工作是大多數被訪者的心態，46％的被訪者選擇此項；再苦幹幾年，回家做全職太太也是選擇人數較多的一項，有31％的被訪者選擇；只有23％的被訪者，表示會去充電。

聰明的妳如果想在職場站穩腳跟，一定不能錯過充電提升課。

在今天這個競爭激烈的職場生存環境中，很難「愛一行幹一行」，我們所能做的就是「幹一行愛一行」，儘量將謀生和理想達到和諧的統一，否則，眼高手低，會耽誤了一生。

郭晶並不太喜歡自己的金融專業，但畢業時沒有改行的機會，還是進了一家外資銀行。「我覺得自己現在的工作沒什麼意思，幻想著有一天可以做記者、主持人或者精算師，而不是整天面對著不屬於自己的金錢。」

郭晶所在的外資銀行環境很好，是很多人眼中高收入的理想職業。面對著很多碩士、博士，都在競爭一個外資銀行的職位，郭晶才感到自己有必要充電了。如果想在金融這個行業中繼續做下去，充電是唯一可行的方法，否則的話就意味著會「貶值」。通過充電，郭晶對本行業也有了更深的了解，漸漸愛上了這一行，不再整天幻想而是踏踏實實工作，做出了出色的業績。

並不是所有的職業危機都出現在厭職上，就算是自己喜歡的職業，幹久了也會出現危險信號。

李博芸是某知名服裝品牌的銷售經理，主管北區的業務已經有三年時間。這個在別人看來令人羨慕的職位，卻讓她在一夜之間就做出辭職的決定。

「我感覺我的職業生涯面臨著前所未有的停滯狀態，總是在做著以前做過的事情，而且以我目前的職位，也很難再在公司有更大的作為了。我已經決定到法國繼續讀我的服裝設計專業，對於今後的工作，我並不擔心，選擇辭職就是因為有這份自信。」

人在其職業的某個階段會出現所謂的「停滯」期，這種情況是一個信號，一旦出現就說明妳需要充電了。這時最重要的是擺正自己的心態，樹立——「沒有職業的穩定，只有技能的穩定和更新」的觀念，把職業過程變成一個無止境的學習和提高的過程。

在IT行業工作近五年的小雷坦言：

「我一直都處在一種與最新科技知識賽跑的狀態。資訊時代的知識呈膨脹性的擴展趨勢，剛剛掌握的資訊，也許過兩天就已經過時了，如果不及時更新知識，很容易被淘汰了。」這種經常出現在工作中的「不明飛行物」，讓小雷非常緊張和茫然。

小雷自己掏腰包參加了幾期美國專家舉辦的IT行業培訓，雖然花費很高，可一學習下來，感覺心裡踏實多了，而那些以前經常光臨的「不明飛行物」也

消失了。

工作中如果遇到「不明飛行物」，就意味著妳的知識落伍了。在職充電是防止「人才貶值」的一種好方法，要讓自己「不貶值」，那就需要去不斷地「充電」。學習是永無止境的，要樹立終身學習的理念。正如人們常說的：妳永遠不能休息，否則，妳就會永遠休息。如果妳覺得學習沒有目的、效果差，考證是一個不錯的選擇。很多人覺得只要工作出色沒有證書照樣能在職場生存，但這種認識其實是很膚淺的。

安安是一家貿易公司的財務總監，主管著公司上下的所有會計核算工作。從大學畢業到現在，八年的時間過去了，雖然沒有那一紙「會計師」的證書，可工作起來，也是要風得風，要雨得雨。

「我感覺完全能夠勝任工作，領導也比較器重我。我沒必要為了去考一個證書而耽誤我每天的工作，那樣的話老闆也會對我有看法的。我的很多同學上班後，不斷考各種證照，希望能往更大的公司『跳』，甚至請了假去學習，結果影響了工作業績，得到的卻只是與能力不相匹配的待遇。」

也許安安的話從目前的角度看是正確的，可如果把它放在一個大的知識經濟時代背景中分析，就站不住腳了。「技多不壓人」，「充電」和「敬業」不該有任何衝突，「充電」是為了更好地「敬業」，這該是30幾歲職業女性應該警醒的一面。

現代社會急缺複合型人才。「單一型人才」如何使自己成為「複合型人才」？實施技能儲備，使價值「保鮮」是關鍵。充電時也要注意與原有技能相關，這樣才能在原有的基礎上擴大就業範圍。

薛佳在一家國際航運公司裡為英國籍首席代表做祕書時，接觸到一些國內外大的企業諮詢機構。她說：「我的專業是英語，除了能像外國人那樣正常地說英語外，今天看來並沒有任何特長可言。在這家海運公司工作了兩年之後，我終於申請到了美國哥倫比亞的ＭＢＡ，我想學成之後可以到一家跨國諮詢公

司裡去工作，為企業的經營者們提供全方位的解決方案。當然，這是要有代價的，從一個傳統行業跳到一個新興的朝陽產業裡，唯一能夠達成目的做法就是充電。」

本土企業的國際化及國際企業的本土化，使那些具有「一專多能」、精通一門外語、通曉國際商務規則的外向型人才備受青睞。所以，及時充電藉以增加事業打拼的資本，必須同自身職業生涯的規劃緊密地聯繫起來，達到學以致用。

「生命不止，學習不止」。在這個知識經濟的年代，充電已經成為現實需要，尤其是在經濟不景氣的當下職場上，不管妳是想待在原地，還是逆勢向上攀登，或者另起爐灶玩跨界，充電已經演變為職業生涯不可或缺的安全墊。

還等什麼，行動吧！

4．下班回家，一定記住進門前轉換角色

職場沒有性別，幸福的家庭卻呼喚女性回歸。

有些職業女性把全部精力放在工作上，沒有什麼時間去關心家人的一切，這樣是不對的。職業女性一定要明白，自己不單是一個「上班族」，也是一個妻子、母親，對工作負責的同時也應該對家庭負責。

女人，必須扮演好自己女性的角色，在家庭生活中屬於妳的責任和義務一項也不能推託，不能說自己是什麼高管了就可以隨意把工作的情緒和某些習慣帶回家，職業女性必須清楚，發展工作狀態的空間是在辦公室裡，而不是在家裡。

人生是一個舞臺，每個角色都要爭取演好。在家裡要展現不同的身段，要在工作中演職場的戲，在家裡演生活的戲。完美的女人是自然屬性和社會屬性的結合。在職場上妳就是職業人員，沒有性別差異，回到家該相夫教子就相夫教子，明白自己的定位就沒有什麼難以轉換的問題了。

女強人有能力、有知識、有文化、有品位、有修養，應該說在很多方面都是令人羨慕、崇敬和神往的，但是優點和長處往往是雙刃劍，既能討人喜歡，也可能產生意想不到的負面效應。

男人天生就擁有雄性的征服欲望，希望自己的女人小鳥依人地依靠著自己。試想：一個男人如果在外面拼了命地工作，被上司壓制著，回到家裡自己的女人，還要耍性格玩個性跟男人爭個面紅耳赤，那對男人來說不論是在生理還是心理上，都是一件很痛苦的事情。

女白領，尤其是高端女白領長期在職場打拼，養成了許多職業習慣，應儘量避免把這些習慣帶到情感交往中，進入家門後要學會角色轉換。

有的女性長期在機關或者管理層工作乃至擔任領導職務，形成了許多領導意識和領袖氣質，可能自覺不自覺地帶到八小時之外。就是穿衣服，職業女性和其他人也是不一樣的，非常嚴肅、莊重。但是習慣性的領導意識，不可在情感世界的二人交往中過多地體現，要及時轉換角色。因為妳們畢竟不是上下級關係，即使是，在情感世界裡也是平等的，只有平等，才有真情，才有溫馨，才有浪漫，才能完美展現妳不僅是優秀的傑出職業女性，更是風情萬種、溫柔體貼的女人。否則只能給人高高在上、高不可攀的感覺。

因此，女人回到家要多一些女人味，少一些職場味，這樣才能體現出作為女人的魅力。怎樣才能充滿女人味呢？在男人面前不妨適當多一些主動，少一些被動。

女強人也許由於長期縱橫職場、飽讀詩書的緣故，認為情感問題上應該男人主動。殊不知，優秀男人也不是那麼輕易主動的，因為優秀男人一般自尊心很強，被人拒絕是一件很沒面子的事情。女性主動不一定代表輕浮，相反，妳的熱情可能會讓妳喜歡的男人感動，受到鼓舞，認為妳在情感上對他有知遇之恩，也許在妳主動的關心、體貼、邀請下，他會悄悄下定與妳廝守終生的決心。

要想主動，女人就要多一些自然和奔放，少一些矜持和壓抑。

由於長期受工作環境、生活習慣的影響，和中國儒家傳統思想的薰陶，女強人非常注意自身的形象，久而久之，養成了矜持這一特有的氣質，或者表現為冷美人，或者表現為不苟言笑，或者像高傲的公主。如果是在工作中，這些是完全必要的，甚至可以增加妳的領導魅力。但是在情感中，就要努力做一個「小女人」，展

現女人溫柔嫵媚、自然奔放的一面。

該靠在男人的肩膀上時就輕輕地靠上，該依偎在他的胸前就依偎在他的胸前，適當撒嬌也是不錯的選擇，因為妳要知道，能與妳匹配的、站在妳面前的，一定也是個非常優秀的男人，這樣的男人在工作中已經身心疲憊，八小時之外，他需要的是一個有女人味的女人，而不是一個女強人。如果妳仍然給他一個職業女性的內斂和矜持，如同讓他到單位加班、面對美女同事一般，味同嚼蠟，妳想想他的感覺會如何？總之，女人要有女人味，男人要有男子氣概。

讓一扇門隔開兩個世界。只要拿捏有度，適當的開門和關門相信能使妳既成為人人羨慕的職場麗人，又成為丈夫離不開的好妻子。

【附錄】

馬雲背後的女人怎麼說？

張英把馬雲引向首富後，說了這段話，讓無數女人沉默了！

我和馬雲是大學同學，畢業就拿了結婚證。馬雲不是個帥男人，我看中的是他能做很多帥男人做不了的事情：

結果我沒看錯，他創辦淘寶，創造了互聯網奇跡，成為全國人的創業模範，大家都管他叫「創業教父」，這讓我無比自豪。

都說每個成功的男人背後，都有一個成功的女人。

何為成功的女人，我覺得成功的女人，應該是有智慧、賢慧、能相夫教子，輔導自己丈夫的。這樣的女人才能旺夫一生，記得在我出嫁之時。

母親對我說：「女兒，今天是你出嫁之日，母親把你外祖母在我出嫁時贈我的

旺夫真言送與你，聽好了——

一、你千萬要記住，出嫁後將為人妻為人母，不要像以前那樣任性，嫁到夫家就擔起相夫教子，幫夫興家立業的責任。

二、你千萬注意，愛他首先要愛他的爸爸媽媽。沒有他的爸爸媽媽，你從哪裡能愛上他呢？他怎麼會出現讓你去愛呢？不要把公婆對自己的態度與自己的爸爸媽媽對自己的態度來比較。

三、夫妻合心，其力斷金。女人千萬不要打破沙鍋問到底，有些事男人裝在心裡是他的策略，也是他工作的策略，並不是非要和你說出來，你才要恍然大悟。你可以用心去體會，但不必費心去理解。

四、你千萬記住，管出來的老公嘴服，疼出來的老公心服。老公是用來疼的，時時處處不要總想著治老公，和其他女人在一起也不要討論自己的老公如何不好。

五、不可以改變他，你可以影響他。男人的天性是懶，天性是不太乾淨，你不能總是要求他回家後做這做哪，給你稍這帶那。極小的事情也讓他去辦，這樣會分散男人在外工作的精力，增加思想上的壓力。

六、他回家後，你不要忙於離開家。他回家裡最希望看到的是你，最希望聽到的是你的聲音，希望和你溝通，並不希望聽你嘮叨。

七、你不要把懷疑當成自己的判斷。有些事不是你想像的情況，你以想像的情況來對自己的男人下判決書，這對男人是十分沉重的打擊，也是對自己沒有自信。

八、女人任何情況下不要做刺蝟。如果女人經常做刺蝟，男人不會主動與你親近的，刺蝟和小狗無法談戀愛，就像火和草一樣無法在一起。

九、不要抱怨自己的男人，更不能罵自己的男人。抱怨自己的男人讓自己更加得不到滿足，罵自己的男人更是不分是非遠近。力的作用是相互的，經常罵自己的男人會得到相反的反作力。

十、愛情似流沙，男人不能抓。女人千萬不要試圖去抓住男人，抓住男人的人遠遠不如得到男人的心穩妥。人前教子、人後教夫，男人活著不光為了金錢，更重要的是為了面子。女人是世界的源頭，是推動搖藍之手，相夫教子是女人的本份，好女人，旺夫三代，怨婦人，永無寧日。切記！切記！」

——摘自網路

最容易把男人引向成功的十種女人

1、善解人意的女人。

這種女人她很細心，很有洞察力，能夠從你表露的一些苗頭中發現你心中所思所想。你快活時與你一同分享，你有難言之隱時，她能從你的舉手投足中發現，並來勸慰你。

2、心地善良的女人。

首先她讓你覺得可以依賴，她始終把你當作一生中最親的人，她不僅對你，而且對鄰里，對你的同事也很善良好施，你的鄰里、同事會稱頌她，從而對你也很尊敬，把你也視為知己。

3、自然優美的女人。

她不是那種花枝招展、引蜂惹蝶的人，她不去追求虛榮和富貴，但懂得把自己打扮得令你賞心悅目，她俗而不出眾、自然大方的儀表會讓你始終感到愉快、忠實，得體的言行也會讓你舒心悅目。

4、聰慧的女人。

她很聰明賢慧，當你有什麼主意難以確定時，她便會出現在你面前，告訴你，如果這麼辦行不行；她幫助你勤奮進取，她始終是你前進的動力。

5、樂觀自信的女人。

她樂觀豁達，她相信你會取得成功，相信你的膽識和才能。她不因你的挫折而對你失望，也不會因你的成功而自喜。她在你最困難的時候給你鼓勵，和你一起承受著艱難。

6、自重自愛的女人。

她能夠自重自愛，有良好的修養，她會盡力維護形象而絲毫不影響你的形象。她在生活中不會讓你下不了臺，她讓你覺得很安心、很放心。

7、會理財的女人。

她懂得如何安排你的收入，讓你始終不用為生活操心。她合理安排就要做的事，她有強烈的責任心，能承擔起各種義務，持好家理好財。

8、講究說話藝術的女人。

懂得說話的藝術，能針對人物的特點而說話和交談，能為你獲得良好的人際環境，人們樂於和她交談，把與她交談看作是件愉快的事。

9、獨立性強的女人

她能自己判斷一件事的行與止，並不老纏你就一些小事讓你作出決斷。她不總依賴你，她能獨立地工作，安排家務，她給你充裕的時間去思考事業方面的事。

10、有現代意識的女人。

她有很強的適應性，具有敏銳的觀察力和思考能力，她很容易接受新知識，不守舊，使你感到她在不斷豐富自己，提高自己。你一點也不會覺得她落伍，她瀟灑自如，總把你介紹給她的朋友、同事，把你也融進一個更大的圈子裡。

女人其實這一生也不容易的，最後再送這段話給所有的女人——

不要斤斤計較，因為時光屬於你的越來越少；

不要愁眉苦臉，生活本該微笑；

不要爭爭吵吵，相處是緣，一晃就老；
不要過多抱怨，相遇本來就最美好；
不要互相拆臺，說不定哪天就永遠分開；
不要整天多愛多愛，只需認真的一句，不離開；
不要老與人比，只需每天超越昨天的自己；
不要憂慮太多，好好善待自己；
不要貪心太多，欲望本是溝壑，難填滿；
寧靜的人行深遠，故不折；知足的人常快樂，故不老。

——摘自網路

做個低成本的女人

一日，與德國回來的朋友索華在外灘茶座小聚，很自然聊起有關女人的話題。她很感慨地對我說：國內做女人成本太高。國內有些媒體總在報導怎麼樣才更有魅力，要穿漂亮的衣裳，要做皮膚護理，講究化妝技巧；要怎麼樣修煉自己怎麼樣拴住男人的心，抓心還要抓胃……

這樣做女人豈不是成本太高？最後修煉得面目全非，與真實的自己背道而馳。

索華說，在國外，大家對魅力的理解很大程度上就是發自內心的微笑。你走在街上迎面走來一個女人，她絕對不會板著臉，而會主動向你微笑示意，這微笑是發自內心的。

在國外，講究自然，與大自然親近，女人們喜歡栽花種草喝茶做女紅，這些被中國女人早就摒棄的東西，對她們來說卻是樂此不疲，因為有動手的樂趣；曬太陽，把自己曬成古銅色，誰最健康誰就最美麗，而不是比誰的皮膚最白。

索華給我講了她在德國朋友圈裡的一次小聚會，大家總是把自己在家裡烘焙好的點心，帶到其中一個朋友的後花園裡，大家坐在草地上曬太陽聊天，就覺得很好了，幾乎是沒有成本的，收穫的卻是滿滿的快樂。她們利用的都是大自然所賦予的東西，陽光、綠色和勞動。

午後的陽光照下來，索華喝了一口茶，提到了低成本做女人，一個女人在這個世界中越是發自內心地生活，她的附加成本就越低。她就不會為別人過多地改變自己。最關鍵的是有底氣。

索華的話，讓我沉思良久。我認識一個女孩，每月化妝品上千元，每次不化妝不出門，為了減肥，每次只吃一小碗飯；另一個朋友，因為嫌自己胸部太平，不能讓先生滿意，花了好幾萬元偷偷去做了整容，結果手術不成功苦不堪言，面目憔悴。我看到她時，內心湧起的是一種無限的悲哀，一個女人怎麼樣才能做回自己？

那就是有自由的眼神和心靈，不用受別人的控制。跟索華提起，她輕歎了一口氣，她說她認識的一些國外的朋友好像沒有這種不自信，不管身材好不好，因身體是自己的，自己喜歡就行了啊。索華接著往下說，好像她們什麼年齡就做什麼年齡的事不著急也不落後，從從容容，該生孩子就生孩子，很少有女人為了工作不想要小孩的。

索華的話，讓我想起身邊很多女人都在忙工作，一幫職場女白領，絕對精英人物。曾見過一位事業很成功的女人，別人都很羨慕，她卻歎了一口氣說：我現在很後悔，該戀愛的時候沒戀愛，我的青春流逝了；該結婚時沒結婚，等再想結婚時，卻找不到合適的，只能降低條件；該要孩子的時候沒要孩子，等到想要的時候，別人的孩子已大了，我感覺怎麼也跟不上趟了……每個年齡都有那個年齡該做的事。不然，你的成本就太高了，代價太大了，只是不知你承不承受得起？

我對索華說，你就是低成本做女人的典範。她不漂亮，卻極有味道。我始終相信，一個女人是有磁場的，這種磁場來源於她自由的內心。索華從不化妝，更談不上整形，她說乾乾淨淨整潔就好了，微笑是她最好的化妝品。她懂得以內養外，大量吃水果青菜，便宜簡單清清淡淡，卻是極養顏的；她關注生命，談環保，衣服只穿純棉和麻，不貴卻都極有特點，鞋子只穿低跟，因為舒適美觀，雖然她個子不高；長長的直髮，留了很多年，不染不燙也不做造型，打理頭髮幾乎不花錢，只用

一把好梳子就可以了；她從不上健身房，不追逐時尚，因為她始終堅持內心的方向，她每天堅持步行，曬曬太陽走走路就是極好的鍛鍊了，不用任何成本並且環保。她說外貌實際上是一個女人的夕陽產業，投資越大，收益是越小的。

26歲時，索華放棄了一份升遷的工作從容地要了孩子，她的身體恢復得很快，如今36歲，孩子也大了；她也從不討好她的老公，從不學什麼馴夫技巧，絕對地放養，老公卻很愛她，總誇她是個有特點的女人，不流俗。

她說好女人是創造氛圍的。她喜歡看書，誰規定主婦一定要填飽老公的胃呢？她赤足坐在客廳的地上看書，也帶動孩子，還要放上舒緩優美的鄉村音樂，一家人的氣氛就這麼形成了，沒費吹灰之力，孩子也養成了愛看書的習慣；她喜歡大自然，就帶上老公孩子一起玩。她這個主婦當得雲淡風輕。當我向她訴苦說女人帶孩子太累時，她笑笑說，讓孩子圍著你轉啊，女人是可以製造氛圍的。她是家裡的一個磁場，不改變自己，不取悅別人，卻照樣很滋潤，並且一家人生活極有品質。這是跟物質無關的，一個心靈自由的女人才能把家庭的生活拓展開來。

跟索華分手後，我還在想索華說的低成本做女人，真是妙極！低成本做女人是一生活方式，並非教女子個個素面朝天，充當黃臉婆。愛美是女子的天性也是女子的權利。愛美、追求美沒有錯，但要理性、恰當、自然。女子要活出自我，活得精彩，健康、微笑、內涵三點不可少，因為：健康是美麗的源泉，微笑是最好的飾品，內涵是最佳的妝容。

而持久的美麗並非靠著奢華的妝飾來當盔甲，它是來自女子內在的氣蘊，平和喜悅善良，溫柔敦厚，知書達理，淡妝素裹，由內至外自然美麗。心靈的豐盈會讓女子舉手投足間都充滿自信優雅、從容恬淡的魅力，她會產生一種無形的氣場吸引著周邊的人。這樣的美麗會一直延續到老，一輩子。

——摘自網路

聰明女人需要讀懂的哲學！

1. 收到甜言蜜語的短信，記得微笑，然後刪除。
2. 想辦法努力賺錢，而不是如何省錢。
3. 憤怒的時候，數到30，再說話。
4. 喜歡的東西自己努力買，不要指望別人送。
5. 少喝果汁多吃水果，少吃零食多喝水，少坐多站，少想多看，少說多做，少懷舊多憧憬。
6. 永遠不會再有第二個男人像爸爸這樣愛你，所以最愛的男人當然是爸爸。
7. 不要24小時都想念同一個人，可以分一點給家人和朋友。
8. 不要認為找個有錢男人就什麼都有了。世界上年輕的女孩子，多的就像貨架上的可樂，喝不喝都無所謂。
9. 吃下去的就堅決不再吐出來，所以吃之前要想清楚。

10. 寂寞的時候，不要聽慢歌，懷舊或者膩死在網上，站起來做運動或者去找朋友聊聊八卦。

11. 看透的時候，假裝沒看透。

13. 工作的你，和遊手好閒的你，絕對不是同一個人。

14. 做好防曬，但記得適當地曬曬太陽。心情也會進行光合作用。真的。

15. 真正看中的東西就買，可是不要借錢，想清楚之後再決定，決定之後就不要再後悔了。

16. 銀行卡的密碼不要用男友的生日。

17. 永遠不向從前的戀人訴苦。

18. 出門之前，根據步行的時間和強度考慮要穿的鞋子。

19. 要讀好書，陶冶情操，提高品位。

20. 可以淘便宜的衣服，但記得自己的品位比這個價位高。

21. 桌上的護膚品永遠比化妝品多，貴，好，對於女人來說外養不如內調。

22. 養成寫日記的習慣，哪怕隻言片語。

23. 可以不認同，但學會尊重。

24. 注重內心，但不忽略外表。

25. 做不了決定的時候，讓時間幫你決定。如果還是無法決定，做了再說。寧願犯錯，不留遺憾！

26. 打電話的時候記得微笑，對方是聽得見的。

27. 每月記帳，每月儲蓄。

28. 了解潮流，但不必跟風。

29. 看起來多大年齡，就有多大年齡。

30. 相信愛情和mr.right的存在，在此之前也不拒絕和mr.wrong們分享人生。

31. 如果發短信給你喜歡的人，他不回，不要再發。

32. 不要為了任何人任何事折磨自己。比如不吃飯、哭泣、自閉、抑鬱，這些都是傻瓜才做的事。當然，偶爾傻一下有必要，人生不必時時聰明。

33. 穿有質感的衣服，找有品質的男朋友。他不一定很有錢，但是一定要能讓你有安全感以及開心。

34. 如果決定離開一個人，行動要快一點，快刀斬亂麻；如果決定愛上一個人，時間拉長一點，看清楚是否適合你。

35. 閒情時候自己煮花茶煮咖啡喝，或者做茶點吃，放一段柔情音樂，翻閱幾頁好書，然後睡個懶覺，快哉。

36. 學會承受痛苦。有些話，適合爛在心裡，有些痛苦，適合無聲無息的忘記。當經歷過，你成長了，自己知道就好。

37. 任何場合，保持應有的涵養。學會說謝謝、辛苦您、對不起。做錯了事情要懂得道歉和改過。

——摘自網路

〈全書終〉

國家圖書館出版品預行編目資料

給聰明女人的第一本理財書／莉莉安 著
-- 初版 -- 新北市：新潮社，2019.01
面； 公分
ISBN 978-986-316-727-3（平裝）
1. 理財 2. 投資 3. 女性

563 107014643

給聰明女人的第一本理財書
莉莉安／著

出 版 人 翁天培
企 劃 天蠍座文創製作
出 版 新潮社文化事業有限公司
電話：(02) 8666-5711
傳真：(02) 8666-5833
E-mail：service@xcsbook.com.tw
印前作業 東豪印刷事業有限公司
印刷作業 福霖印刷有限公司

總 經 銷 創智文化有限公司
新北市土城區忠承路 89 號 6F（永寧科技園區）
電話：(02) 2268-3489
傳真：(02) 2269-6560
初 版 2019 年 01 月